MALDWYN

Atgofion am daith ar hyd arfordir Cymru

BERYL VAUGHAN

GWASG Y BWTHYN

I Betsan Erfyl (wyres) a Iwan Erfyl (ŵyr)

Diolchiadau i;
Mary Steele am deipio'r llawysgrif;
Prifardd Huw Meirion Edwards am ddarllen y proflenni;
Elgan Griffiths am y gwaith dylunio;
I'r Prifardd Geraint Lloyd Owen swyddog cyhoedddi
Gwasg y Bwthyn am sawl awgrym;
Prifardd Rhys Iorwerth am ei gywydd;
Dafydd Morgan Lewis am 'Gân y Chwyldro'.

Ⓑ Beryl Vaughan / Gwasg y Bwthyn ©
Argraffiad cyntaf: 2017

ISBN 978-1-907424-97-7

Cyhoeddwyd gan Wasg y Bwthyn.
Cyhoeddwyd gyda chymorth ariannol Cyngor Llyfrau Cymru.

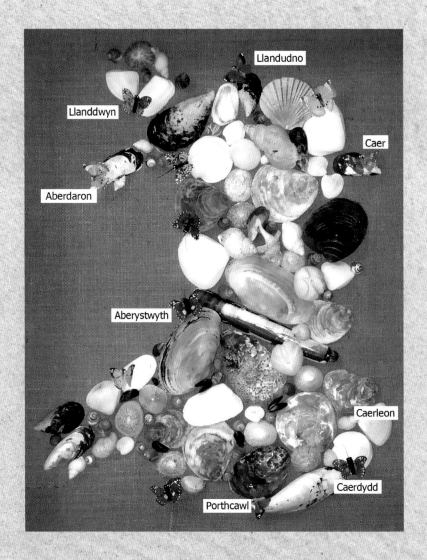

Llandudno

Llanddwyn

Caer

Aberdaron

Aberystwyth

Caerleon

Caerdydd

Porthcawl

Casglwyd ar y daith a bu i Llinos Evans, Parc, Llwydiarth, Llangadfan eu gosod i wneud map.

Cyflwyniad

Wedi i mi gael fy newis i fod yn Gadeirydd Pwyllgor Gwaith Eisteddfod Maldwyn a derbyn yr her, teimlwn fod yn rhaid i mi roi sialens i mi fy hunan. Roedd yr awydd i gerdded Llwybr yr Arfordir wedi bod yn rhyw gronni tu mewn i mi ond heb ei wireddu, felly dyma gyfle euraidd.

Bûm yn hynod o ffodus i gael cymorth diflino Dewi Roberts, mab y diweddar Brifardd Emrys Roberts, sydd yn byw yma efo ni yn Nyffryn Banw. Bu Dewi yn amhrisiadwy gyda'i gyngor a'i help llaw ynglŷn â'r trefniadau. Wedi lawrlwytho mapiau swyddogol Llwybr yr Arfordir, euthum ati i benderfynu ar y dyddiadau ac fe drefnodd Dewi y rhai hynny y byddem yn eu cerdded. Fe benderfynwyd cerdded tridiau y rhan amlaf a gweld sut roedd pethau'n mynd. Bu Gwenllian Carr hefyd yn help mawr gan mai hi ydy Swyddog Cyhoeddusrwydd yr Eisteddfod Genedlaethol. Rhoddodd y dyddiadau yr oeddwn wedi penderfynu arnynt ar wefan yr Eisteddfod ac yn y wasg. Yn ddi-os, bu cefnogaeth frwd gan lawer, a mawr oedd yr ymateb i'r cerdded i gyd.

Yn anffodus, bu i ni golli rhywun oedd yn annwyl iawn i ni ar yr 11eg o Dachwedd 2013, sef Arwyn Tŷ Isa', 'Tis' fel y câi ei alw gan ei ffrindiau a'i gyfoedion – un oedd yn frwdfrydig dros gael yr Eisteddfod yn ôl i Faldwyn ac un hefyd fuasai wedi gweithio'n ddiflino i sicrhau Eisteddfod i'w chofio. Arwyn oedd y cyntaf i anfon neges destun i'm llongyfarch ar y 'barchus, arswydus swydd'! Felly, dyma benderfynu hel arian tuag at noddi diwrnod i gofio am Arwyn – pawb oedd am gerdded i dalu decpunt, boed hynny am ddiwrnod neu ran ohono. Yn sgil hyn, daeth y syniad gan berthynas agos i Arwyn, Sioned Lewis, o werthu pilipala am bunt yr un i bawb ei wisgo, pe dymunent, ar y diwrnod. Dydd Mawrth yr Eisteddfod a ddewiswyd i gofio rhywun oedd mor annwyl iddynt hwy. Er mor boblogaidd ac adnabyddus oedd Arwyn, nid oedd pawb a fynychai'r Eisteddfod yn sicr o'i adnabod. Diwrnod Gwerin oedd y dydd Mawrth gyda chyngerdd gwerin gyda'r nos yng ngofal Siân James. Y rhyfeddod mawr oedd i mi weld a chael cwmni pili-pala ar bob dydd o'r daith gerdded (mae'n anodd dehongli a deall pethau weithiau).

896 o filltiroedd yn swyddogol yw hyd y llwybr i gyd. Mi benderfynodd amryw ohonom fynd oddi ar y llwybr mewn llawer man er mwyn ymweld â lleoedd oedd o ddiddordeb ac felly, yn siŵr, mi gerddwyd o leiaf fil o filltiroedd i gyd.

Cymerodd y daith 56 diwrnod i gyd dros gyfnod o'r 5ed o Fai 2014 hyd y 6ed o Orffennaf 2015. Ond, fel y gwelir, mae'r hanes yn y llyfr hwn yn mynd o Gaer i Gasgwent gan na fuasai yn gwneud synnwyr i ysgrifennu'r hanes yn ôl a gerddwyd. Gobeithio y mwynhewch y darluniau a'r ychydig hanes sydd ynghlwm â nhw. Diolch eto am bob cefnogaeth; hyd yn oed os na fuoch yn cerdded buoch yn hael eich cyfraniadau. Mi gefais y fath hwyl yn cerdded y llwybr.

Beryl

Eluned Beryl Maud Vaughan

Beryl Maud. Am berl, am un
i'w moli dan haul melyn
Mathrafal, ac mi ddaliaf:
am holl hwyl y brifwyl braf
ac am haf ar gae ym Meifod
yn fwy ni all diolch fod.

Dal i fynd a mynd mae hi:
yma heno mae'i hynni
yn rym fu'n pweru'r ha'
fel Duracell dros Walia;
Energizer fu'n gyrru
cyhyrau hon, pob cam cry',
a batris llond o betrol
yn ei byw, yn dân mewn bol.

A dal i gerdded wedyn...
Dan y gwallt o sidan gwyn,
mae egni gweithfeydd Magnox
yn chwilio o hyd lôn i'w chlocs.
Gweld y ffor' at yfory,
gweld y wawr ym mhob glaw du;
gweld Awst, nid rhigol y daith,

ei ferw, nid llafurwaith.
Hi wariar Nant yr Eira;
hi'r lodes o ddynes dda;
hi'r sioncrwydd a'r sicrwydd sy'n
dalp o ardal; pwerdy
ydi'n wir i'w Maldwyn werdd,
i'w rhengoedd, ffatri angerdd.
Hi lafar, ond hi 'lyfiwn,
a hi'r sens ym mhob rhyw sŵn.

Mae Meifod yn ei blodau,
yn brawf o ddyfalbarhau
Beryl Maud. O berlau mân
ein gwlad, trwy'n Gwalia lydan,
ein gŵyl ni chaiff i galon
un berl well na'r Beryl hon.

Rhys Iorwerth
Clwb Rygbi Cobra,
Meifod 4 Awst 2015

Caer i Faesglas – tua 17 milltir

Dyma'r diwrnod cyntaf wedi gwawrio o'r diwedd, a minnau ar fin ei chychwyn hi o Gaer a'r adrenalin yn pwmpio wrth feddwl am y daith oedd o'm blaen i Faesglas ac am gerdded yr 896 o filltiroedd! Diwrnod digon dymunol o ran tywydd ond roeddwn yn meddwl tybed a fedrwn gwblhau'r daith i gyd heb ddim blisters, ac yn sicr heb salwch neu dorri coes neu fraich. Roeddwn yn eithriadol o hapus o weld y diwrnod wedi cyrraedd ar ôl y trefnu i gyd, ac yn gwybod rŵan fod yn rhaid cyflawni'r dasg o gerdded Llwybr yr Arfordir i gyd gan fy mod wedi dweud y gwnawn i hynny! Tybed pwy ddôi i gerdded efo mi bob dydd? A fyddwn yn cerdded fy hunan o gwbl? Roedd y cyfan yn ddirgelwch a dyma oedd ar fy meddwl heddiw, ond amser a ddengys a chawn weld. Roedd gweld yr arwydd 'Croeso i Gymru' a dwy garreg fawr o boptu iddo i ddangos cychwyn neu ddiwedd y llwybr yn rhoddi balchder imi, ac roedd gweld y plac bach, sef arwyddair Llwybr yr Arfordir, ar y llawr yn troi'r cyfan yn realiti go iawn. A dyma gychwyn ar lwybr digon di-nod a dweud y lleiaf i ddechrau, llwybr concrid a hwnnw'n syth am rai milltiroedd, gan gerdded ar hyd afon Dyfrdwy a sylwi ar ddatblygiadau diwydiannol. Gan fod hwn hefyd yn llwybr seiclo, medrai hynny fod yn ddigon o boen os nad oeddech wedi clywed y beic yn dod, ac yn fwy na dim os nad oedd y seiclwyr yn canu eu cloch i ddweud eu bod y tu ôl i chi. Ar ôl cerdded y 4.5 milltir roedd angen croesi pont y Jiwbilî, a gafodd ei henwi ar ôl y bont wreiddiol a godwyd yn ystod teyrnasiad y Frenhines Fictoria.

Fe'i hadeiladwyd ym 1926 ac mae wedi ei pheintio'n las llachar.
Yna ymlaen a gweld hen waith dur Shotton a oedd yn drist iawn,
o wybod bod cymaint wedi cael gwaith yno yn y gorffennol –
oddeutu 12,000 o bobl.

Bûm yn lwcus iawn o gwmni rhai o fy nheulu ar rannau o'r daith
a heddiw cefais gwmni Carys, fy chwaer, Wendy, merch yng
nghyfraith Carys, Isaac, ŵyr Carys, a Megan Lloyd Owen, Merched
y Wawr Llangoed. Bu Merched y Wawr yn gefnogol iawn i'r daith
a llawer o ganghennau gwahanol wedi cerdded neu roi arian
noddi. Roedd Megan Lloyd Owen yn gerddwraig brofiadol ac wedi
gwisgo'n addas i gerdded y diwrnod yma.

Braf iawn oedd cyrraedd castell hynafol y Fflint, un o'r cestyll oedd yn wrthglawdd i Edward I yng Nghymru. Y tro diwethaf iddo gael ei ddefnyddio oedd yn ystod Rhyfel Cartref Lloegr yng nghanol yr ail ganrif ar bymtheg. Adfail ydy'r adeilad erbyn hyn ond mae'n cael ei ddiogelu a'i gynnal gan Cadw. Mae mewn lleoliad braf a chawsom baned haeddiannol ar dir y castell.

Ymlaen ar hyd y llwybr o'r Fflint am Ffynnongroyw, llwybr caregog ond syth. Yn anffodus, doedd heddiw ddim yn ddiwrnod da o ran y tywydd oherwydd y düwch a'r tarth dros foryd afon Dyfrdwy, ac felly ni welwyd yr olygfa ar ei gorau. Cerdded heibio Llannerch-y-môr lle mae llong enfawr y *Duke of Lancaster*, sy'n dyddio'n ôl

i 1956 ac a oedd yn un o'r llongau teithwyr olaf i gario teithwyr
o Heysham i Belfast, hyd at 1,800 ohonynt ar y tro. Mae yma ers
1979 ar ôl iddi fynd allan o wasanaeth. Bu'n llong smart yn ei dydd
a bu am gyfnod yn cael ei defnyddio fel arcêd, bar a lle ar gyfer
'profiad hamdden', a châi ei galw yn 'fun ship' ar un adeg. Gallwn
ddychmygu llawer yn cael hwyl a sbort ar ei bwrdd. Piti ei bod yn
cael ei gweld yn y fath gyflwr erbyn hyn.

Cefais andros o bleser drwy'r daith o weld natur ar ei gorau. Bu llawer o enghreifftiau o hyn, boed yn goed neu flodau gwyllt, anifeiliaid neu adar. Dysgais lawer a chlywed cân ambell i aderyn a gwerthfawrogi'r cyfan. Roedd mis Mai yn fis arbennig a natur ar ei gorau a phopeth yn dod yn fyw eto. Dyma enghraifft berffaith – y blodau ar y ddraenen wen o gwmpas Mostyn. Syndod i mi oedd bod arogl mor gryf arni. Tybed a allai rhywun wneud persawr ohoni?

Maesglas i Bensarn – tua 20 milltir

Un o'r pethau hyfryd oedd cael cwmni teulu, ffrindiau hen a newydd, a chyfoedion, ac roedd y daith o Faesglas i Bensarn heddiw yn 20 milltir. Bu John Arthur (a fu'n gweithio ym Manc Barclays, fel finnau) yn cerdded lawer diwrnod. Cawsom lawer sgwrs ynglŷn â sut mae pethau wedi newid heddiw o'i gymharu â phan oeddem ni ein dau yn gweithio yn y banc. Teimlem fod y cwsmer yn bwysig iawn y pryd hynny ac roeddem yn adnabod pawb, bron, ond erbyn heddiw fedrwch chi ddim cysylltu â'ch banc yn uniongyrchol – rhaid i chi fynd i rywle yn India neu gyffelyb y rhan amlaf. Yn tydi pethau wedi newid, dwedwch! Yn cerdded hefyd y diwrnod hwn roedd cyn-brifathro i Mari, fy merch yng nghyfraith, sef Alun Roberts o Gaernarfon. Roedd llawer o'r cwmni yn hen lawiau ar gerdded a dyma griw da a ddaeth i gynnal fy nhraed! Gwelwch yn ôl y llun griw mor rhadlon a braf oedden nhw.

Mae yna rannau helaeth o Lwybr yr Arfordir yn mynd i mewn i'r tir, a dyma enghraifft o gerdded drwy'r coed. Llun, dybia' i, fyddai'n denu artist – yr haul yn braf a'r coed yn eu gogoniant. Diwrnod arbennig i gerdded drwy Nant Felin Blwm ger Ffynnongroyw. Llwybr digon hawdd efo ychydig o dynnu i fyny yma ond nid oedd neb yn cwyno, dim ond mwynhau eu hunain.

Gwelais lawer o oleudai ar y daith. Dyma oleudy'r Parlwr Du,
un sydd heb gael ei weithio ers can mlynedd. Roedd dychmygu
gweld y glowyr yn dod adref o'u gwaith efo'u hwynebau duon yn
fy atgoffa am awdl enwog y diweddar Barch. Gwilym R. Tilsley i'r
Glöwr. Yma mae'r tywod yn mynd ymlaen bron yn ddi-dor hyd y
Gogarth Fach ger Llandudno. Cerdded pleserus ar hyd y traeth a
ddim yn anodd o gwbl. Llawer iawn o bobl allan yn mwynhau eu
hunain ar ddiwrnod braf ym mis Mai.

A dyma gyrraedd Prestatyn. Yma mae Clawdd Offa yn cyfarfod â
Llwybr yr Arfordir. Dyma griw rhadlon – Huw, Alun, John Arthur,
finnau, Peter, Enid ac Emyr – a chawsom olygfeydd da ar draws
Môr Iwerddon a gweld arfordir gogledd Cymru yn ei ogoniant. Fel
y gwelwch, y rhai efo'r ffyn oedd y cerddwyr proffesiynol ac nid y
lleill! Nid oedd pawb yn cerdded y diwrnod yn llawn, dim ond rhan
ohono. Doeddwn i ddim wedi paratoi yn iawn heblaw am gerdded
ar daith 'Cerddwn Ymlaen', a hynny ar darmac y rhan fwyaf o'r
ffordd. Gwell o lawer oedd cerdded y llwybr yma gyda'i dirwedd
amrywiol.

Pensarn i Landudno, Glan y Gorllewin – tua 17 milltir

Rhaid i chi adael y llwybr a mynd i
mewn i Landdulas er mwyn gweld
cofeb i'r diweddar Lewis Valentine,
a rhaid oedd gwneud hynny gan
nad oeddwn erioed wedi gweld y
gofeb o'r blaen. Braint oedd cael
gwneud hynny a darllen:

'Y mae cyfiawnder yn dyrchafu
cenedl.'
Cenedlaetholwr a heddychwr.
'Gwyn eu byd y tangnefeddwyr.'

Cofio hefyd am ei emyn gwladgarol 'Dros Gymru'n gwlad ...'
Roeddwn yn hynod o falch fy mod wedi perswadio John Arthur i
ddod efo mi gan ei fod yn gwybod yn union lle roedd y gofeb.

Ymlaen ar hyd y llwybr sydd hefyd yn llwybr seiclo a dyna'r broblem
eto – y beicwyr! – ac anelu am Fae Colwyn. Taith hawdd a ninnau'n
cerdded ar lwybr tarmac. Gyferbyn wele John Arthur yn dal i
obeithio fod yr haul ar ddod allan er ei bod yn gymylog. Does debyg
i ffydd! Gresyn na fuasai mwy o'r llwybr dros y dyddiau nesaf mor
hawdd â hyn!

Wedi mynd drwy Landrillo-yn-Rhos, daethom at gapel bach Trillo sydd wedi ei adeiladu dros ffynnon sanctaidd. Y tebygrwydd yw mai dyma'r capel lleiaf ym Mhrydain, capel sy'n dal dim ond chwech o bobl. Y golau yn dod i mewn drwy'r ffenestr a'r blodau yn harddu'r lle. Roedd yma ryw dangnefedd godidog.

Diwrnod 4

Llandudno, Glan y Gorllewin i Abergwyngregyn – tua 15 milltir

Ymlaen am Fae Penrhyn a heibio Trwyn y Fuwch a chael hoe fach.
Er bod y llwybr weithiau yn serth a rhai eisiau cymryd eu hamser,
roedd yn rhaid bwrw ymlaen. Blodau'r eithin yn arbennig drwy'r
daith ac rwy'n sicr ei bod yn flwyddyn arbennig iddynt. Wyddoch
chi, os rhowch flodyn eithin o dan eich gên fel blodyn menyn a

20

hwnnw'n dangos yn felyn, fod hynny'n arwydd eich bod yn hoff iawn o fenyn (os coeliwch chi hyn fe goeliwch unrhyw beth). Elinor yn sicrhau bod y lluniau yn dod allan yn iawn! Cael cwmni Nerys ac Elinor o Faldwyn ac Iona Wyn Jones, Merched y Wawr, Nantglyn ac Elizabeth Wyn Parry, Cangen Abergele. Eneidiau hoff cytûn yn gwneud y gwmnïaeth yn werth y byd eto heddiw.

Y cerrig yn wyrddion ar y Gogarth Fach, lliw gwyrdd Eisteddfod Maldwyn. Bu awydd gennyf fynd i'w hel at addurno'r maes ond roedd arnaf ormod o ofn y llethrau! Cerdded y Gogarth a gweld tipyn o fywyd gwyllt, yn eifr, gwylanod anferth ac adar môr. Mae'n siŵr fod daeareg y Gogarth yn llawn mwynau.

A dyma olygfa o'r Gogarth tuag at Landudno, un o'r lleoedd yn
y gogledd y byddaf wrth fy modd yn dod iddo. Mae yna rywbeth
arbennig am Landudno.

Y tŷ hwn yng Nghonwy yw'r tŷ lleiaf ym Mhrydain. Wyddwn i
ddim, wyddech chi? Mae rhywbeth i'w ddysgu bob dydd. Wedi
sôn am y capel lleiaf ym Mhrydain yn Llandrillo-yn-Rhos
dyma weld y tŷ lleiaf, a dydy Capel Trillo a'r tŷ yng Nghonwy
ddim ymhell oddi wrth ei gilydd ychwaith.

Cerdded am Gonwy a gweld y castell gosgeiddig, y cychod a phont Thomas Telford yn y cefndir. Adeiladwyd y bont ym 1826 i gyd-fynd â chynllun y castell.

O Gonwy i Lanfairfechan mae dau lwybr swyddogol, un yn goch ac un yn las. Mae'r coch yn mynd yn uchel am Fynydd Conwy, Bwlch Sychnant, Moelfre a Llanfairfechan, a'r glas yn mynd ar hyd y ffordd fawr, yr A55 (ffordd brysur a dweud y lleiaf). Wedi trafod efo'r criw, mynd am yr A55 – efallai mai dyna'r dewis anghywir ond roedd yna dipyn o ddringo ar y llall, ac nid oedd pawb y diwrnod hwnnw yn awyddus iawn, felly rhaid oedd cytuno â'r mwyafrif!

Abergwyngregyn i Gaernarfon – tua 20 milltir

Criw hawddgar wrth gorsydd Morfa Madryn, Abergwyngregyn –
Olwen, fi, Mary, Medi ac Eleri – tair o Faldwyn ac un o Geredigion
wedi dod i fyny yn arbennig i gerdded ac yn gwmni sbesial heddiw.
Diwrnod sych ond llwydaidd a'r cerdded yn weddol hawdd.

25

Wrth gerdded am Fangor a'r diwrnod yn tynnu i mewn, dyma lun trawiadol o'r awyr yn goch a'r haul ar fachlud. Cefais weld yr haul yn machlud ambell ddiwrnod a sylweddoli mor lwcus ydym yng Nghymru o olygfeydd a chyfleoedd i werthfawrogi'r bydysawd.

Roedd cerdded hyd dirwedd wahanol a chael gweld ambell afon
fyrlymus yn gwneud y daith yn bleserus. Medru eistedd yma a
gwrando ar adar a natur a'r dŵr. Alun yn awyddus i fynd yn ei flaen
a Geraint am gael hoe i feddwl a chyfansoddi ei gân nesaf ond yn
anffodus, mynd oedd raid, a cherdded ymlaen am Gaernarfon.
Roedd yn dda wrth ffon weithiau!

Yng Nghaernarfon daeth Ieuan Thomas i'n cyfarfod, un a fu'n byw
yn Llanfair Caereinion ac yn Bennaeth yr Adran Ffiseg yn Ysgol
Caereinion am flynyddoedd. Hefyd Mair, merch Tynbraich, Dinas
Mawddwy (a mam Angharad Price, awdur *O! Tyn y Gorchudd*).
Cerddodd Alun, Geraint ac Eleri (mam a thad Mari, fy merch yng
nghyfraith) efo mi'r diwrnod hwnnw.

Pont Menai i Landdona – tua 15 milltir

Chefais i ddim problemau o gwbl yn codi'r bore a chychwyn y cerdded. Roedd yr adrenalin a'r mwynhad a'r penderfyniad yn goresgyn y cyfan. Dyma gyrraedd 'Môn Mam Cymru'. Roedd Llwybr Arfordirol Môn a gafodd ei agor i gyd yn 2006 yn eithaf hawdd ei ddilyn, a dyma gychwyn y bore braf yma o bont arall Thomas Telford a gafodd ei chwblhau ym 1826 i gysylltu Môn â'r tir mawr. O Bont Menai i Landdona y diwrnod cyntaf. John Arthur, John (tad Aled), Aled a Haf yn ffyddiog am ddiwrnod i'w gofio. Roedd tad Aled yn meddwl yn ddwys am y daith o'i flaen.

Cerdded heibio Porth y Wrach, afon Cadnant a Llandegfan, a braf oedd cael cyfle i alw ym Miwmaris i weld Nesta Davies, un o Faldwyn, ac un sydd wedi bod mor gefnogol i bopeth rydw i'n ei wneud. Cawsom gyfle i gael ychydig o ginio yn ei chwmni a chael sgwrs a chlonc.

Ymlaen am Borth Penmon ar hyd yr arfordir, ac er bod y llwybr yn ddigon caregog roedd yn bleser. Rhaid oedd cael esgidiau addas rhag troi'r droed – diolch i'r drefn, ddigwyddodd hyn ddim i neb. Gan ei bod yn ddiwrnod eithriadol o braf roedd pob man yn edrych yn odidog.

Cyrraedd Penmon a gweld yr hen briordy a meddwl am gywydd yr
Athro T. Gwynn Jones:

> Onid hoff yw cofio'n taith
> Mewn hoen i Benmon, unwaith?
> Odidog ddiwrnod ydoedd,
> Rhyw Sul uwch na'r Suliau oedd;
> I ni daeth hedd o'r daith hon,
> Prawf o ran pererinion.

Yma mae'r garreg yr un fath â'r garreg ar y Gogarth yn Llandudno.
Sylwi ar y colomendy a adeiladwyd oddeutu 1600, ac yma hefyd
mae Ffynnon Seiriol. Cysylltir y ffynnon yn ôl traddodiad â Seiriol
Sant a oedd yn byw yn y chweched ganrif.

A dyma oleudy Trwyn Du yn edrych
allan ar Ynys Seiriol sydd yn cael ei galw
hefyd yn Puffin Island. Mae'n cael ei
gwarchod heddiw am fod yma nythfa
o fulfrain ar ôl i adar pâl a chornicyllod
y dŵr gael eu clirio o'r ynys yn gyfan
gwbl, bron, gan lygod mawr yn ôl yn y
bedwaredd ganrif ar bymtheg.

Roedd Aled, gŵr i nith i mi, yn hapus iawn yn cael dangos Môn i ni (yma y mae wedi ymgartrefu efo'i deulu). Er ei fod yn dod o Ben Llŷn, mae'n falch o fod yn byw ym Môn a chael cymaint o leoedd arbennig i fynd allan a mwynhau ei hun. A dacw Ynys Seiriol unwaith eto yn y cefndir lle mae'r bilidowcars yn cael eu gwarchod. Llwybr drwy dir amaethyddol sydd yma ond wedi ei arwyddo'n dda.

Llanddona i City Dulas – tua 13 milltir

Cadi ac Ioan (plant Aled ac Elinor, fy nith) a Carys, ei ffrind, yn cael hwyl wrth chwarae ar draeth Llanddona. Fy syniad i, gan fy mod yn mynd ar daith, oedd bwyta mewn lleoedd ar y ffordd er mwyn codi ymwybyddiaeth am y ffaith fod yr Eisteddfod Genedlaethol yn dod i Faldwyn, a thrwy wneud hynny helpu'r bobl leol. Roedd gwesty'r Llong yn Nhraeth Coch yn lle delfrydol a chawsom fwyd blasus yno. Y tywydd yn ffeind iawn eto heddiw a chawsom gwmni Dawn a Dafydd Jones, tad Carys, hefyd.

Seibiant i dynnu llun yn unig ym Menllech – Aled, Cadi ac Ioan, Fiona ac Alistair, Haf, Carys, Dawn a Dafydd. Yna cerdded y ffrynt cyn cychwyn i fyny'r stepiau a dod i ben y creigiau, a dyma'r llwybr go iawn cyntaf ar Lwybr Arfordirol Môn.

Ymlaen â ni am Foelfre. Dyma oedd yn dda am y golygfeydd –
roedd pob un mor wahanol, ac er bod rhedyn yn boen i ffermwyr
roedd lliwiau'r hydref yn arbennig. Er nad oedd y tywydd yn braf
bob dydd, chawsom ni ddim gormod o law heblaw am ryw ddau
ddiwrnod gwlyb iawn! Roeddem i gyd yn gwerthfawrogi tymor yr
hydref.

Edrych i lawr am Foelfre ac mae'r
crys-T hwn wedi ei brintio gan
gwmni Brodwaith o Bentrefoelas.
Bu Menna, sy'n ffrind i mi, yn hynod
o gefnogol a chafodd llawer o grysau
eu gwneud. Roedd y cerddwyr yn
awyddus i brynu un i gofio am
y daith. Bu'r crysau'n llwyddiant
mawr efo logo'r llwybr arnynt, a'r
geiriau 'Llwybr Arfordir Cymru' ac
'Eisteddfod Genedlaethol Maldwyn
a'r Gororau'.

Ar ben y creigiau uwchlaw Moelfre
mae cofgolofn y Royal Charter, sy'n
cofio am y 459 o bobl a laddwyd pan
aeth y llong deithwyr yn erbyn y
creigiau wrth ddod yn ôl o Awstralia
ym 1859. Bu i lai na 40 oroesi a
darganfuwyd cryn dipyn o aur ar y
traeth gan fod y teithwyr wedi dod â
llawer o aur yn ôl efo nhw o'r pyllau.
Ni fedraf beidio â meddwl am y
Capten Richard Evans (Dic Evans)
a'i wrhydri wrth lywio bad achub
Moelfre ganrif yn ddiweddarach –
y mae cofgolofn iddo yn y pentref.

Mae yma ddarn o lwybr braf ar ben y clogwyni am Draeth Llugwy.
Dyma ddarn o'r traeth a golygfa o Borth y Môr ymlaen am Draeth yr
Ora, cyn dod i mewn i'r tir a thros fryn i gyrraedd y Pilot Boat Inn,
City Dulas.

Braf yma oedd cyfarfod â Tecs (Roberts). Nid yn aml y gallwch gael llun ohono ond mae o'n barod iawn i dynnu eich llun chi! Ffotograffydd ydy o fel y gwelwch – mae'r camera efo fo bob amser – a dyna orffen diwrnod da arall a chael diod a sgwrs. Daeth eraill o Faldwyn i'm cyfarfod – Carrie a Jeremy White o Geri ger y Drenewydd – rhai oedd wedi meddwl cerdded ond oedd braidd yn hwyr yn cyrraedd, ond yn hael eu cyfraniad at y gronfa.

City Dulas i Gemaes – tua 16 milltir

Yn aml, deuai pobl i'm cyfarfod a chyfrannu'n hael yn ariannol a doedd heddiw ddim yn eithriad – Mair a John Edwards, yn wreiddiol o Lanfair Caereinion ond yn byw erbyn hyn yn Llanfairpwll.

Cychwyn y daith drwy gerdded drwy dipyn o rostir, er ei fod yn ddigon pleserus, ar ben y clogwyn uwchben Penrhyn Glas a gweld golygfeydd dramatig gogledd Môn yn dod i'r golwg wrth nesáu at Drwyn Eilian. Roedd lliw y rhedyn yn drawiadol hefyd. Yma mae goleudy Trwyn Eilian (Point Lynas). Cafodd y goleudy presennol ei adeiladu gan Ddociau Lerpwl ym 1835, gan gymryd lle'r adeilad blaenorol a godwyd ym 1766. Oddi yma hyd Borth Swtan, neu Church Bay, lle mae'r creigiau trawiadol i'w cymharu â chreigiau arfordir Penfro.

I lawr i Amlwch a chael mynd i ddarllen hanes gwaith copr Mynydd Parys yn yr amgueddfa. Lle da am baned a chawl hefyd.

Mae cymaint o adar i'w gweld ar hyd yr arfordir yma, fel y bilidowcar, y pâl, yr wylan benddu, yr wylan lwyd, yr wylog (*guillemot*) a gwalch y penwaig (*razor-bill*).

Roedd cerdded heibio Pwll y Merched, Traeth Dynion a Phorth Llechog i Drwyn Bychan a Phorth Wen yn gwneud i mi sylweddoli mor arbennig yw'r enwau Cymraeg, ac mor bwysig yw i ni beidio â'u colli am enwau Saesneg.

Heibio Porthlleiana lle roedd llestri porslen yn cael eu gwneud o'r tsieni clai lleol tan 1920. O feddwl nad yw wedi cael ei weithio gan ddyn ers hynny, mae'n dal yn lle difyr i ymweld ag o. John Albert, Haf, Ann (Llysun, Llanerfyl), ac Ann (Astley, chwaer yng nghyfraith i Ann) o Fôn sydd yma, a finnau.

Mae'n werth ymweld ag eglwys hynafol Llanbadrig ar y llwybr. Adeiladwyd Eglwys Llanbadrig ar un o'r safleoedd cysegredig hynaf ym Môn, sy'n dyddio'n ôl i OC 440. Yn ôl y chwedl, cafodd yr eglwys ei chysegru i Badrig Sant y drylliwyd ei long ger Ynys Padrig. Fe gafodd loches gysgodol a dŵr glân i'w yfed gerllaw. Sefydlodd eglwys ger y dibyn yn deyrnged i Dduw am achub ei fywyd. Ym 1884, gwariodd y trydydd Arglwydd Stanley o Alderley £700 o'i arian ei hun i atgyweirio'r eglwys yn null a lliwiau ei grefydd Islamaidd. Yn dilyn tân mawr ym 1985 fe'i hadnewyddwyd eto, gyda chymorth cyfeillion yr eglwys, i'w chyflwr gogoneddus presennol.

Diwrnod 9

Cemaes i Lanfachraeth – tua 19 milltir

Cerddodd John, fy ngŵr, a Tom (Llysun), gŵr Ann, heddiw hefyd. Roedd yn well ganddyn nhw weld sut roedd y tir amaethyddol yn cael ei ffarmio na gweld yr arfordir (pawb at y peth y bo!). Ymlaen am Drwyn yr Wylfa a dyma agosáu at bwerdy'r Wylfa. Y creigiau a'r môr yn gwneud yr olygfa yn drawiadol, ac mae'n sicr yn cystadlu o ran prydferthwch ag arfordir Penfro.

Llwybr digon diddorol drwy'r grug a digon hawdd ei gerdded, ac ymlaen am Fae Cemlyn – traeth o gerrig mân heb ddim llawer o dywod ond hynod o dlws!

Ar Drwyn Cemlyn mae'r gofgolofn i'r bad achub cyntaf ym Môn.

Dyma droi cefn ar yr Wylfa a cherdded dros fryn bychan am Hen Borth a Thrwyn y Gadair. Diwrnod eithriadol o braf. Sylwi ar y creigiau tywyll a oedd yn fy atgoffa o weithiau'r diweddar Kyffin Williams – roeddent mor drawiadol.

Creigiau yn dangos sut mae'r môr yn medru creu patrymau; er mor erwin yr olwg maent yn rhyfeddol.

Yna i Borth Swtan lle mae'r bwthyn to gwellt olaf ar Ynys Môn, sydd bellach yn amgueddfa dreftadaeth. O Borth Swtan heibio Porth Crugmor, Porth Trwyn, Porth Trefadog, Porth Tywyn-mawr, Trwyn Cliperau, Porth Penrhyn-mawr ac ar hyd Traeth y Gribin. Dyma sylwi eto mor bwysig ydy gwarchod yr enwau Cymraeg yma.

Diwrnod 10

Llanfachraeth i Ynys Lawd – tua 12 milltir

Croesi afon Alaw gan ryfeddu at lif y dŵr dros Arglawdd Stanley, a dyma gyrraedd Ynys Gybi. Ymlaen drwy Warchodfa Penrhos tuag at Gaergybi a gweld y Stenna yn noc Caergybi yn barod i fynd am Iwerddon. Diwrnod eithriadol o braf a phawb yn mwynhau ei hun.

Sarah, fy merch, John, tad Aled, Ioan ac Aled (mae'n dda wrth deulu heddiw!), ac Ioan yn ffyddiog y cerddai eto am y diwrnod cyfan a do, fe wnaeth.

Cyrraedd Caergybi a llun o'r Amgueddfa Arforol a'r llongau bach yn
y bae. Yr olygfa a'r tywydd yn ddelfrydol a gwelais hefyd yma yng
Nghaergybi yr Admiralty Arch a adeiladwyd ym 1824, sy'n dynodi
diwedd yr A5 gyda'r Marble Arch yn Llundain y pen arall.

Dyma olygfa tuag at Fynydd Caergybi – y creigiau duon unwaith eto yn creu golygfa arbennig tua'r môr. Dydy dringo i fyny i'r copa ddim yn anodd ac mae'n werth ei wneud, a dyma wrth gwrs bwynt uchaf Sir Fôn a hefyd y grib olaf yng ngogledd Cymru.

Gwelir yma Ynys Lawd a'r goleudy a'r llwybr yn llawn twmpathau grug. Mae yna laweroedd o lwybrau y ffordd yma ond mae Llwybr yr Arfordir wedi ei nodi yn ddigon clir. Mae'r goleudy ar agor i deithiau yn ystod yr haf, a chan ei bod yn ddiwedd y tymor doedd hi ddim yn bosib i ni fynd i mewn.

Bûm yn hynod ffodus drwy'r daith o gael aros gyda ffrindiau neu deulu, a doedd Môn ddim yn eithriad. Cefais gyfle i dreulio'r Sul yma ac i ymweld â theulu a ffrindiau eraill. Y Sul arbennig hwn roedd Dafydd Iwan yn pregethu yng nghapel Burwen ger Amlwch, ac euthum yno a chael croeso. Walter Glyn Davies oedd wrth yr organ. Roedd cael gwrando ar Dafydd yn falm i'r enaid ac yn help i fwrw 'mlaen â'r daith fore Llun.

Ynys Lawd i Bont-rhyd-y-bont (Four Mile Bridge) – tua 16 milltir

Mae'n debyg i'r enw Four Mile Bridge ddod o fod bedair milltir o Gaergybi ar hyd y tyrpeg. Ni fu'n anodd codi i gychwyn y daith ben bore. Roeddwn yn edrych ymlaen gymaint at gerdded ac yn sicr, roedd aros gyda ffrindiau neu deulu yn ychwanegu at y mwynhad, a byddwn yn edrych ymlaen at weld pwy fyddai'n cerdded efo mi dros y dyddiau nesaf. Wedi'r penwythnos roeddwn fel newydd ac yn barod i gychwyn eto.

Ymlaen am Fae Trearddur a dyma John Arthur ar y dibyn! Sylwch ar faint y creigiau o'u cymharu â dyn!

Bwa gwyn hollol naturiol yn y graig. Cafodd y bwa trawiadol yma ei erydu gan y môr ar hyd parth o greigiau a oedd wedi'u gwasgu ac wedi'u gwahanu gan ffawtiau. Yma hefyd gwelir y bwa du sy'n gyfaill iddo. Mae'n anhygoel fel y mae'r môr, hyd yn oed, yn medru creu rhyfeddod.

Pont-rhyd-y-bont i Falltraeth – tua 19 milltir

Dyma ni wedi cyrraedd Barclodiad y Gawres, ac yma rydym yn edrych yn ôl ar Rosneigr. Mae Barclodiad y Gawres – 'llond ffedog' ydy ystyr *barclodiad* – ar gopa Mynydd Mawr. Yma mae siambr beddrod cynhanesyddol, beddrod sydd wedi ei gloddio ers yr 1950au. Mae'r cerrig wedi'u cerfio'n gain y tu mewn i'r fynedfa ac yn debyg i rai eraill a ganfuwyd yng ngogledd-ddwyrain Iwerddon. Dyma, mae'n debyg, y rheswm pam mae'r fynedfa ar glo a dim ond ymweliadau swyddogol yn cael eu caniatáu.

Ymlaen â ni am Borth Cwyfan a gweld Eglwys Sant Cwyfan a gafodd ei hadeiladu yn y ddeuddegfed ganrif. Mae ar greigiau uwchben y traeth, ac oherwydd yr erydu fe adeiladwyd wal o'i chwmpas ym 1890. Mae mewn llecyn tawel braf – gallwch ddeall pam yr adeiladwyd eglwys yn y fan hon.

Ymlaen am Aberffraw ar lwybr braf uwchben y creigiau ym Mhorth Lleidiog. Dyma enghraifft dda eto o natur wedi gwneud y goeden yn fwa. Rhaid mynd ar eich cwrcwd os ydych yn weddol dal. Am gyfnod, mae'n debyg fod Aberffraw wedi bod yn brifddinas ganoloesol i Wynedd ac am gyfnod byr i Gymru gyfan. Bu i Lywelyn Fawr yn y drydedd ganrif ar ddeg ei alw ei hun yn Dywysog Aberffraw. Defnyddiwyd cerrig o'i lys i adeiladu Castell Biwmaris (ond mae safle'r llys, mae'n debyg, o dan Aberffraw heddiw).

Cael paned (roedd rhai yn dod â byrbryd gyda nhw). Bu Eryl ac Angharad yn cerdded ambell ddiwrnod – Angharad yn wreiddiol o Fachynlleth. Doedd Eryl ddim yn rhy siŵr a oedd yn hoff o'i fwyd ond rhaid ei fwyta i blesio'r misus!

Mae *pampas grass* o hyd yn fy nenu gan fod gennym beth yn ein cartref yn Nolffanog, Talyllyn, lle y'm magwyd yn blentyn. Roedd ychydig yn wyntog yn Hermon a Malltraeth y diwrnod hwnnw. Roedd planhigyn y pampas yn tyfu'n berffaith hapus ymhlith yr eithin a'r rhedyn.

Malltraeth i Borthaethwy – tua 21 milltir

A dyma'r criw yn barod am y diwrnod olaf i gwblhau Môn a chael mynd am Ynys Llanddwyn, ynys y cariadon yn ôl cân enwog Ems. Selwyn o Faldwyn, John, Aled, finnau, John Arthur ac Edward (Morus Jones). Roeddwn yn edrych ymlaen yn arw at y diwrnod yma gan na fûm yno erioed cyn hynny.

A chefais i mo fy siomi. Er ei bod yn ysgythrog tu hwnt ar Ynys Llanddwyn wnawn ni fyth anghofio'r profiad – y tonnau yn taro'r creigiau, y sŵn a'r ewyn o'r môr. Mor lwcus oeddem fod y llanw allan i ni fedru cerdded yno i ddechrau, a chan nad ydy'r llwybr yn cynnwys Ynys Llanddwyn roedd hwn yn sicr yn fonws gwerth chweil.

Gwaeddodd Selwyn, 'Mae'n bwrw eira yma!' ac yna dyna floedd arall yn datgan, 'Fan hyn maen nhw'n gwneud Fairy Liquid!' Sylwch mor sydyn yr oedd Selwyn am gerdded oddi yno gan ei bod mor wyntog a'i goesau yn gadael ei gorff (tric camera)!

Croesi'r cerrig camu hanesyddol dros afon Braint, afon hwyaf Môn.
Bu bron i ni golli Edward yma (doedd croesi'r cerrig ddim wrth ei
fodd!), a diolch fod Aled ar gael i helpu ac yntau yn baramedic.
Ymlaen heibio Sw Môn am Lanfairpwll ac yna i Borthaethwy, a
dyna ni wedi cwblhau'n taith o amgylch Môn a chael cryn foddhad.

Diwrnod 14

Caernarfon i Drefor – tua 17 milltir

Yn ôl i'r tir mawr a chychwyn o gastell urddasol Caernarfon am Ddinas Dinlle. Croesi afonydd Gwyrfai a Charrog a chyrraedd safle Ambiwlans Awyr Cymru. Rhaid oedd cael y llun yma oedd yn fy atgoffa am daith 'Cerddwn Ymlaen' y cefais y fraint o fod yn rhan ohoni. Bûm mor ffodus o fod wedi ymuno â Rhys Meirion a'r criw ar y daith, a chael boddhad mawr o godi arian at achos sydd mor bwysig i ni yng nghefn gwlad.

Cafwyd cwmni Carys (Chwilog) a Haf (Caernarfon), a Rhodri a Sara Owen hefyd heddiw, ac yma cafwyd gair i gall gan Kit (Ellis), Llwyndyrus yn eglwys fach hynafol Sant Baglan, Llanfaglan. Roedd enwau a dyddiadau ar y meinciau. Dyma eglwys lawn cymeriad ar safle bendigedig yn edrych dros draeth y Foryd a Bae Caernarfon, a golygfa wych yn ymestyn o'r Eifl i'r Carneddau. Y tu mewn uwchben y drws mae carreg ac arysgrif arni sy'n dyddio'n ôl i'r bumed neu'r chweched ganrif, ac mae'r ddwy garreg fedd yn y porth yn perthyn i'r drydedd ganrif ar ddeg. Mae tu mewn yr eglwys yn ein hatgoffa am y ddeunawfed ganrif gyda meinciau agored syml i'r werin bobl a'r corau moethus i'r pentrefwyr cyfoethog, pob

côr yn dwyn enwau'r perchnogion. Yma, ym mis Ionawr 2017, y claddwyd yr Iarll Antony Armstrong-Jones, cyn-ŵr y Dywysoges Margaret.

Ymlaen am Glynnog Fawr a gweld Ffynnon Beuno sydd wedi bod yn atyniad poblogaidd ers canrifoedd maith, gyda phererinion yn ymgynnull yng Nghlynnog ar eu ffordd i Ynys Enlli. Dywedid ei bod yn ffynnon iacháu. Aethom i mewn i eglwys osgeiddig Beuno Sant a chael gwrando ar ychydig o'r gwasanaeth. Yn digwydd bod, roedd Kit yn adnabod y Rheithor.

Pan oeddem yn dod am Glynnog Fawr fe agorodd y nefoedd a sôn am law! Roedd rhai fel Evan, Llwyndyrus heb ddod â dillad glaw, felly bu'n rhaid iddo fenthyg rhai ychwanegol oedd gennyf fi. Braidd yn fach, efallai, ond fe wnaethant y gwaith! A dyma gyfarfod y milfeddyg Huw Geraint a ddaeth â phecyn bach i mi – pecyn bach o sandwijys samon, a dyma pam. Bu iddo glywed fy hanes, mae'n debyg, ar Radio Cymru pan oeddwn wedi penderfynu rhoi fy enw fel cynghorydd ar gyfer Dyffryn Banw. A finnau yn dechrau canfasio, ar rai o'r diwrnodau cyntaf pan fyddwn yn cychwyn yn weddol gynnar byddwn yn galw i weld etholwyr a chael sandwij samon, ac yna mwy amser cinio ac eto amser te, a choeliwch chi byth, sandwijys samon unwaith eto amser swper cyn troi am adre ar ôl diwrnod hirfaith ac ychwaneg o sandwijys samon. Fe dalodd y sandwijys yn iawn gan i mi gael fy ethol yn gynghorydd! A dyma sandwijys samon yng Nghlynnog Fawr ar ddiwrnod difrifol o wlyb! Mi roedden nhw'n dderbyniol iawn ar ffasiwn ddiwrnod!

Yna ymlaen â ni am Drefor.

I fyny Trwyn y Tal ac edrych yn ôl am Drefor oddi tanom a golygfa berffaith ar ddiwrnod heulog. I be mae eisiau mynd dramor a ninnau â chymaint i'w weld a'i fwynhau yng Nghymru fach?

Trefor i Dudweiliog – tua 18 milltir

Er fy mod yn ysgrifennu'r daith hon yn groes i'r hyn a gerddwyd, roedd cerdded i fyny o Nant Gwrtheyrn yn eitha' tynfa ac ambell un yn tuchan yn o lew, ond fe gyrhaeddom ac roedd galw yn y Nant yn werth y cyfan.

Dyma hen bren wedi ei siapio gan natur a'r criw yn mynd am Nant Gwrtheyrn – Eryl, Angharad, Alun, un o'm his-gadeiryddion o Ddyffryn Dyfi, a'i fab; John Arthur, ac Annette o Ben Llŷn, Haf a minnau.

Llwybr drwy'r grug a heibio Porth Pistyll a Phorth Nefyn. Cofio am englyn enwog Eifion Wyn i Flodau'r Grug:

> Tlws eu tw', liaws tawel, gemau teg
> Gwmwd haul ac awel,
> Crog glychau'r creigle uchel,
> Fflur y main, ffiolau'r mêl.

Diwrnod 16

Tudweiliog i Aberdaron – tua 17 milltir

Fel y gwelwch, mae pawb yn cerdded y llwybr ac roedd y geifr yma yn gyfeillgar tu hwnt, wedi arfer gweld pobl yn cerdded, mae'n siŵr! Cael cyfle i fynd i'r Amgueddfa Forwrol ddiddorol iawn yn Nefyn – 'O'r mynydd i'r môr'. Llwybr pleserus iawn ar hyd yr arfordir heibio Porthdinllaen a Borth Wen, ac o Dudweiliog i Aberdaron. Ymlaen am Borth Ysgaden, Porth Gwylan, Porth Colmon a Phorthor. Mae'r tywod ym Mhorthor yn unigryw am ei fod yn gwneud sŵn gwichian wrth i chi gerdded, a gwir y gair. Dyma pam y mae'n cael ei alw yn 'Whistling Sands' yn Saesneg. Ymlaen wedyn am Fynydd Anelog ac i'r grug hyfryd ar Fynydd Mawr. A dyma ni yn ardal Uwchmynydd. Anelu am Borth Meudwy lle mae'r cwch yn mynd i Ynys Enlli, cyn troi am Aberdaron.

Aberdaron i Bentowyn – tua 11 milltir

Cael bwyd yn Nhŷ Newydd a phwy oedd yno? Wel, Harri Parri ac
Emlyn Richards yn cael sgwrs a phaned, wrth gwrs. (Fyddech chi
ddim yn disgwyl gweld peint ganddyn nhw, fyddech chi!) Mynd
ymlaen am Rhiw a dod i Blas yn Rhiw – plasty bychan sydd yng
ngofal yr Ymddiriedolaeth Genedlaethol ers iddynt ei dderbyn yn
rhodd gan y tair chwaer Keating ym 1952. Mae'n dyddio'n ôl i'r ail
ganrif ar bymtheg, ac mae yma olygfeydd gwych dros Borth Neigwl
a Bae Ceredigion. Diwrnod perffaith i gerdded ar hyd y traeth am
Lanengan i fyny am Fynydd Cilan ac ar hyd Trwyn Llech-y-doll.
Ymlaen heibio Porth Ceiriad ac yn fuan iawn dod i olwg Ynysoedd
Tudwal. Mae'n debyg i Clough Williams-Ellis (a adeiladodd
Bortmeirion) brynu'r ynysoedd er mwyn eu gwarchod rhag unrhyw
ddatblygiad. Cyrraedd Abersoch ac yna cerdded ar Draeth y Warren
a dod am Blas Glyn-y-weddw. Llwybr diddorol heb fod yn rhy
anodd.

Edrych ar Lanbedrog a Phlas Glyn-y-weddw. Dyma oriel hynaf
Cymru. Mae'r plasty Gothig, Fictoraidd yn adeilad rhestredig
gradd II* ac mae iddo nodweddion pensaernïol anhygoel. Cael
cyfle i gael paned a chlonc yma cyn ailgychwyn.

Pentowyn i Bwllheli – tua 19 milltir

Llun o'r criw, rhai ohonynt wedi gwneud rhan o'r diwrnod a'r gweddill wedi gwneud y cyfan. Diwrnod eithriadol o braf erbyn canol y prynhawn.

Heddiw y gwaeddodd John Arthur, 'Dacw Gader Idris', a dyma fi'n hurtio'n lân a dweud y lleiaf. A be ddigwyddodd? Fe faglais ar draws carreg. Dyna'r tro cyntaf a'r tro olaf i mi gwympo, a diolch hefyd na fu i mi frifo. 'Dwn i ddim eto ai gwir y gair neu ai tynnu coes yr oedd John Arthur, ond cawsom ddigon o chwerthin beth bynnag.

Ymlaen ar hyd Traeth Crugan i Bwllheli. Cawsom ddiwrnod gweddol hawdd o gerdded er bod ychydig o ddringo. Cafodd pawb fwynhad mawr o'r diwrnod.

Diwrnod 19

Pwllheli i Borthmadog – tua 17 milltir

Cerdded ar hyd Morfa Abererch ac am Lanystumdwy. Rhaid oedd mynd i weld bedd David Lloyd George a hwnnw mor agos i'r llwybr.

Teulu bach Tŷ Newydd, Llangadfan, Maldwyn – daeth y pump ohonynt i gerdded efo mi ar y diwrnod sbesial yma – roedd yn ben-blwydd Catherine, gwraig John a mam Dylan, a fu farw cyn y Nadolig yn 2011. (Doedd Dylan ddim efo ni y diwrnod hwnnw – gwell oedd ganddo fo fynd i Sychtyn i ffarmio efo Edward, fy mab.)

Yn y llun gwelir John, Eurgain, Meilir (llawer mwy pwysig oedd edrych oedd y sgidie'n iawn nag edrych ar y camera!), Awel ac Elain.

Coeden farw ond rhyfeddol ei siâp ar y llwybr am Gricieth, yn fy atgoffa o'r Ddraig Goch. Yn tydi natur yn anhygoel?

Dyma'r diwrnod y cefais y nifer fwyaf o bobl i gydgerdded efo mi,
sef 28. Dyma'r criw yn cychwyn o Gricieth, a rhai awydd hufen iâ
Cadwalader cyn mentro! Dyna lle'r agorodd Cadwalader gyntaf ym
1927. Cerdded ar hyd Morfa Bychan am Borth-y-gest a heibio Bae
Samson i Borthmadog.

Porthmadog i Harlech – tua 14 milltir

Cerdded y Cob ac yna am Finffordd drwy'r coed i ymyl Portmeirion. Llwybr amrywiol heddiw.

Golygfa yn edrych draw am Bortmeirion o Ynys Gifftan. Fe gerddon ni draw at yr ynys, a'r llanw yn digwydd bod allan ar y pryd, a cherdded ychydig arni.

Diwrnod 21

Harlech i'r Bermo – tua 17 milltir

Dyma ddod am Sir Feirionnydd. Ymlaen am Harlech, mynd heibio
Talsarnau am yr Ynys, ac i lawr i Forfa Harlech. Y tir sydd wedi
ei adennill o'r môr a'r gors a Chastell Harlech yn dod i'r golwg.
Dyma'r castell olaf a ddaeth i feddiant Owain Glyndŵr o ddwylo'r
Saeson, ym 1404. Bu'n byw yno ac yn ei ddefnyddio fel lleoliad ei
senedd, ynghyd â Machynlleth. Cyrraedd Llandanwg a galw heibio
Caerwyn a Bet (Roberts) – Bet yn wreiddiol o'r Foel, Maldwyn – a
chael croeso mawr, a phaned a chacen wrth gwrs. Cerdded dros
ddwy filltir dros Forfa Dyffryn ar hyd y twyni tywod ac i Dalybont,
cyn cyrraedd y Bermo. Cerdded dros Bont y Bermo am Fairbourne
a'r Friog, ac yna i fyny i'r goedwig tua Phanteinion a'r Llyn Glas
(Blue Lake).

Diwrnod 22

Y Bermo i Dywyn – tua 16 milltir

Cafwyd peth glaw a rhai cawodydd trymion, ond er gwlychu
ychydig roedd pawb yn fodlon ei fyd gan fod y golygfeydd yn
wych.

Llun uwchben pentre Llwyngwril. Fe welwch yr arwyddion hyn o bryd i'w gilydd, sydd yn help i chi ddilyn y llwybr a gwneud yn siŵr eich bod yn mynd y ffordd iawn. Tipyn o ddringo heddiw ac roedd yn dda wrth ambell wal gerrig!

Yn ôl yr hanes cafodd Llwyngwril ei ddatblygu ar ôl i'r rheilffordd gyrraedd, a daw'r elfen Gwril o enw cawr yn y chwedlau Cymreig oedd yn gefnder i Idris. Ymlaen am Roslefain a Thonfannau a cherdded dros bont droed newydd dros afon Dysynni ac i Dywyn – a dyma'r tro cyntaf i mi eu gweld.

Diwrnod 23

Tywyn i Fachynlleth – tua 17 milltir

Ar hyd y traeth i Aberdyfi ac yna i fyny Allt Goch ac edrych i lawr ar Gwm Maethlon. Roeddem yn ffodus i gael cwmni Gareth Wyn (Evans) heddiw, sy'n frodor o'r cwm, a chael enwau'r ffermydd a llawer o enwau'r teuluoedd oedd yn byw yno, a rhai ohonynt yn dal i fod yno. Dyma'r diwrnod y clywais y gog gyntaf yn 2014.

Clychau'r gog yn arbennig ym mis Mai mewn llawer man. Y llun yma wedi ei dynnu rhwng Aberdyfi a Phennal. Yn sicr, mae'r tywydd wedi bod yn falm i fyd natur gan fod y blodau gwyllt yn arbennig drwy gydol y daith.

Ymlaen o Blas Talgarth i Bennal, a thrwy'r fforest am Foel Goch a Nant Wenlas ac i lawr at afon Dyfi, cyn croesi'r bont i Fachynlleth.

Machynlleth i'r Borth – tua 10 milltir

Dyma'r criw ym Machynlleth (Dewi Roberts sydd ar y pen ar yr ochr chwith). Rhai yn dod i gyfarch a rhai yn mynd i gerdded. Y Parch. Nerys Tudor, chwarae teg iddi, yn gefnogol, ac wedi cerdded y daith o Aberdyfi i Fachynlleth. Roedd hon yn dipyn o daith efo llawer iawn o dynnu i fyny, mwy o lawer na'r disgwyl.

O Fachynlleth am y Borth drwy Gwm Llyfnant a'r goedwig i Dre'r-ddôl a Thre Taliesin, ac ar hyd Cors Fochno cyn cyrraedd y Borth. Mae'n debyg fod y gors yma yn un o'r cyforgorsydd mwyaf ym Mhrydain.

Y Borth i Lanrhystud – tua 17 milltir

O'r Borth i lawr am Sarn Gynfelyn a Bae Clarach a chyrraedd ffrynt Aberystwyth, ac yna i ben draw'r Prom a dringo i fyny llwybr serth efo tipyn o stepiau i greigiau'r Allt Wen. Roedd hwn hefyd yn dipyn o sialens. Ymlaen ar hyd pen y creigiau at Dwll Twrw a dal i gerdded uwchben clogwyni Penderi.

Linda (Griffiths), y gantores werin, a Menna (Jones) o'r Drenewydd. Menna yn edrych yn ddigon bodlon o fod wedi cyrraedd y brig a dal i gerdded, a Linda yn gorfod cael golwg ar y ffôn (be wnaem ni hebddyn nhw, dwedwch?). Eisiau dweud wrth rywun ei bod yn cwblhau'r stepiau beth bynnag!

Diwrnod 26

I lawr i Lanrhystud ac yna am Lansanffraid – nid un Maldwyn, ond Ceredigion. Roedd pobl yn dod i'n cyfarfod yn aml efo cyfraniadau tuag at y daith, a daeth Mary Raw (Cwmystwyth) i'n cyfarfod heddiw. Dyma'r diwrnod cyntaf i mi weld giât mochyn ar y daith. Heddiw, yn 2014, yr oedd angladd John Rhiwogof, ffrind ac un fu'n byw yn Nolffanog Fach, drws nesa i Dolffanog Fawr, fy nghartref yn Nhalyllyn. Methais fynd i'r angladd, ond cefais orig fach bersonol amser y gwasanaeth ar lecyn tawel ar y llwybr. Cyrraedd Aberaeron; lle 'darluniadol' iawn gyda thai 'Regency' lliwgar – rydw i'n hoff iawn o liwiau'r dref. Yna croesi pont droed dros afon Aeron a dringo i fyny am glogwyni Penyglöyn ac am Graig Ddu. Dod i lawr i Geinewydd. Bu Dylan Thomas yn byw yma am gyfnod adeg y rhyfel, ac efallai mai oddi yma y cafodd yr ysbrydoliaeth ar gyfer pentref Llareggub yn *Dan y Wenallt*.

Diwrnod 27

Braf iawn oedd cael cwmni fy nghyn-weinidog, y Parch. Roger Ellis Humphreys, a'i wraig, Delyth, a Gwenan, perthynas i mi, a gerddodd efo mi o Geinewydd. Roedd diwrnod cyfan yn ormod gan y tri ond fe wnaethant gerdded peth o'r diwrnod.

Dros Graig yr Adar am Gwmtydu, a rhaid oedd cael hoe fach yma cyn iddynt ymadael a hwythau yn cael eu picnic. Roeddent yn fy ngweld i fel rhyw wenci!

Roedd tirlithriad garw wedi bod rhwng Cwmtydu a Llangrannog ac roedd y llwybr wedi ei ddargyfeirio drwy Nant Fothau, ond fe benderfynodd Haf a minnau fentro ar hyd yr hen lwybr gan gyrraedd Llangrannog ynghynt ac yn saff! Anhygoel ydy'r gair o weld y difrod oedd wedi ei wneud, ond gobeithio fod y llwybr ar agor erbyn hyn.

Syndod a rhyfeddod i mi oedd gweld Pidyn Drewllyd (*Phallus Impudicus*) ar y llwybr. Gwelwyd amryw i gyd; welais i erioed un o'r blaen. Onid ydy natur yn rhyfeddol!

Gweld Ynys Lochdyn wrth nesu am Langrannog a dod at Wersyll yr Urdd. Atgofion am fynd yno o ddyddiau ysgol.

Pleser mawr i mi oedd cael gweld pennill Dic Jones ar lechen sydd
wedi ei gosod ar graig ar y llwybr:

> *Llwybr y Glannau*
> Hyd lannau Ceredigion
> Mae'r tir a'r môr yn leision,
> A golwg ar bellterau'r Bae
> O gribau'r creigiau geirwon.

Ymlaen am Benbryn. Dyma eglwys hynafol Llanfihangel-ar-y-bryn gyda'i phensaernïaeth ddiddorol. Roedd golygfa arbennig oddi yma. Mae yna sôn fod Cristnogaeth yng Nghymru wedi cychwyn yma yn OC 200.

Cerdded ar y creigiau uwchben traeth Penbryn a dod i Dresaith a thafarn y Ship (hoe fach haeddiannol yma). Cawsom gyfarfod ag Idris Reynolds ac Arglwydd Tresaith (Lower), Dewi Pws, a'r actor Aneirin Hughes. Cael cyfle i fwynhau'r olygfa a chael tipyn o hwyl, fel y gallwch ddychmygu, yn eu cwmni wrth orffen y diwrnod yn Aberporth.

Diwrnod 28

O Aberporth am y Mwnt lle mae'r traeth yn felyn ac eglwys fach
y Grog ar y bryn yn dyddio'n ôl, mae'n debyg, i'r bedwaredd
ganrif ar ddeg, er y dywedir bod eglwys yn debygol o fod wedi
bod ar y safle yma ers Oes y Seintiau rhwng y bumed a'r seithfed
ganrif. Ymlaen am Gwbert, ac yna cerddais i ar hyd glan afon
Teifi i mewn i Aberteifi a cherddodd Haf a Betsan ar hyd y ffordd
fawr. Dod i Landudoch a phasio'r abaty a gafodd ei sefydlu gan
y mynachod Tironaidd ym 1120. Dyma'r unig un o'i fath yng
Nghymru a Lloegr, a dyma ddiwedd Llwybr Arfordir Ceredigion.

Diwrnod 29

Aberteifi i Drefdraeth – tua 16 milltir

Ymlaen at draeth Poppit, a dyma weld creigiau gwaddodol
dramatig cyntaf arfordir Penfro. Roedd y creigiau mor
drawiadol a'r patrymau yn anhygoel.

Cerdded uwchben Pen-yr-afr a Phwll y Granant a sylwi bod
amryw ddarnau o'r creigiau fel bwa naturiol – a dyma Fwa Bach.
Llwybr diddorol a hawdd ei gerdded ar ddiwrnod eithriadol
o braf. Wrth gwrs, mae'r tywydd yn gwneud gwahaniaeth a
phopeth yn edrych ar ei orau.

Ymlaen am Draeth Mawr a chroesi afon Nyfer am Parrog, Trefdraeth.

Cael cwmni Rachel James, Cadeirydd Pwyllgor Gwaith Eisteddfod Genedlaethol Penfro. Hi oedd yn gwisgo'r crys-T yma ac enwau'r lleoedd ar arfordir Penfro arno ac wrth gwrs, fe gerddais i drwy bob un o'r lleoedd a enwir.

Trefdraeth i Wdig – tua 13 milltir

Mynd oddi ar y llwybr gryn dipyn i gyrraedd cromlech Pentre Ifan, ac Eglwys Nanhyfer hefyd i weld yr ywen waedlyd. Mae'n werth gadael y llwybr weithiau er mwyn gweld lleoedd sydd o ddiddordeb. Ymlaen am Gwmyreglwys, ac mae'n bwysig mynd o gwmpas Pen Dinas ar ddiwrnod clir gan fod golygfa wych o arfordir Penfro i'w chael yma. Yn ôl am Bwll Gwaelod a cherdded ar ben y creigiau lle mae ambell fae hyfryd i'w weld. Yna ymlaen am Abergwaun a chyrraedd Wdig.

Wdig i Abercastell – tua 15 milltir

O Wdig, cerdded draw oddi ar y traeth am Aberfelin a Thrwyn
Carreg Wastad.

Gweld amryw o forloi bach a mawr gan fy
mod yn cerdded yn ystod y tymor magu.
Sylwi mor gyfrwys yr oeddent, yn llechu'n
isel uwchben cilfach i ddiogelu eu rhai
bach fel na fedrai neb fynd atynt.
   Pasio goleudy Pen Strwmbl sydd ar
Ynys Meicel, un o'r olaf i'w hadeiladu ym
Mhrydain, yn ôl ym 1908.
Cerdded uwchben y creigiau, sydd dipyn
mwy garw eu golwg yma, a dod am
Bwllderi. Dyma lle mae carreg goffa'r bardd a'r pregethwr, Dewi
Emrys, 1881–1952. Anfarwolwyd y fangre hon gan ei gerdd yn
nhafodiaith gogledd Penfro:

> Fry ar y mwni mae nghatre bach
> Gyda'r goferydd a'r awel iach.
> 'Rwy'n gallid watwar adarn y weunydd,
> Y gïach, y nwddwr, y sgrâd a'r hedydd;
> Ond sana i'n gallid neud telineg
> Na nwddi pennill yn iaith y coleg ...

Dod am Aber Bach ac ymweld â Melin Tregwynt, lle mae'r un teulu wedi bod yn nyddu ers dros gan mlynedd. Yn ôl i'r llwybr am Aber Mawr.

A dyma lun wedi'i dynnu o Aber Mawr yn edrych dros Aber Bach. Cyrraedd Abercastell a chael cyfle i weld Melin Trefin, a chofio cerdd enwog Crwys:

> Nid yw'r felin heno'n malu
> Yn Nhrefin ym min y môr,
> Trodd y merlyn olaf adref
> Dan ei bwn o drothwy'r ddôr.

Daeth gwaith y felin i ben ym 1918.

Abercastell i Borth Stinan – tua 16 milltir

Golygfa wych tuag at y Gribinau. Diwrnod arbennig o braf a'r golygfeydd yn eithriadol o dlws.

Cael egwyl yn nhafarn y Sloop ym Mhorthgain – lle arbennig eto sy'n ddeniadol i dwristiaid, a lle fu'n brysur gyda'r diwydiant gwenithfaen yn y gorffennol. Llwybr diddorol a throellog am Abereiddi a gweld ambell gilfach uwchben Porth y Dwfr.

Dyma fwa naturiol eto yn y graig, a'r môr yn erydu'r creigiau. Mae cymaint ohonynt i'w gweld ar hyd yr arfordir.

Cerdded am Borth Melgan (lle da i nofio ddiwedd dydd) ac yna am Borth Mawr (Whitesands Bay), a dod i Borth Stinan. Y tywod yn braf a hyfryd oedd cerdded hyd-ddo am gyfnod, cyn mynd yn ôl i ben y creigiau sy'n drawiadol iawn yma.

Llun tuag at Ben Dal-aderyn am Borth Lisgi a Phorth Glais, a'r creigiau eto mor drawiadol wedi i'r môr eu llyfnhau a'u herydu.

Porth Stinan i Niwgwl – tua 15 milltir

Gweld y lle, yn ôl traddodiad, y rhoddodd y Santes Non enedigaeth i Dewi Sant yn y chweched ganrif. Yn ôl y sôn, fe darddodd ffynnon yn yr union fan ar ôl storm o fellt a tharanau. Mae olion hen gapel y Santes Non i'w gweld yma hefyd. Rhaid oedd gadael y llwybr am dipyn i weld y ffynnon, ond yn sicr, roedd yn werth mynd.

Llwybr diddorol eto ar hyd y creigiau ar hyd Bae Caer Bwdi a Porth y Rhaw, a chyrraedd Cwm Hyfryd, Solfach. Ymlaen am Graig Sant Elvis, sant o Iwerddon a fedyddiodd Dewi Sant. Yna heibio crib gul Dinas Fawr am Ddinas Fach, Cwm Bach a Chwm Mawr. Mae yna lawer o ddringo i fyny ac i lawr cyn dod i'r grib a cherdded i lawr i Niwgwl, ond nid yw'n anodd.

Dyma Niwgwl. Mae'r traeth yma yn boblogaidd iawn a'r tywod yn ymestyn am dair milltir, a hwnnw'n dywod braf.

Diwrnod 34

Niwgwl i Draeth Musselwick – tua 16 milltir

Ymlaen am Nolton Haven uwchben y creigiau a chael ychydig o lwybr drwy'r coed am Druidston, ac yna i lawr ar hyd mymryn o draeth am Aberllydan (Broadhaven).

Lle da iawn i fwyta yn yr Ocean Cafe a chael croeso yno wrth sôn am yr Eisteddfod, a chyfraniad hefyd. Cyrraedd Aber Bach (Little Haven) – anodd coelio fod yr arfordir digyffwrdd hwn, lle daw pobl bellach i orffwys ac ymlacio, unwaith yn ganolbwynt diwydiant glo, gyda phum glofa weithredol yn defnyddio bae cysgodol Little Haven.

Yr haul yn machlud ar y
llwybr am St Brides Haven.
Yna taith bleserus ar hyd
traeth Musselwick.

Traeth Musselwick i Monk Haven – tua 14 milltir

Gweld y morlo gwyn yma ar draeth ym Martin's Haven. Gwelais lawer o forloi du a gwyn a rhai bach ar hyd y daith.

Dod i lawr i Farloes a'r môr yn ddramatig ar y creigiau. Roedd ychydig yn wyntog. Sylwi rŵan ar y graig yn newid ei lliw wrth fynd am St Ann's Head – dyma'r creigiau fu'n gyfrifol am drychineb y *Sea Empress* ym 1996 pan gollwyd 72,000 o dunelli o olew crai.

Monk Haven i Neyland — tua 14 milltir

Gwelwyd ambell i arwydd doniol ar y llwybr, a dyma un ohonynt gyferbyn!

Gweld llawer o dyrau arfordirol ar y daith yma tua Herbrandston. Roedd West Blockhouse, a adeiladwyd ym 1857 i warchod y fynedfa i harbwr Aberdaugleddau, yn rhan o amddiffynfa Palmerston yn erbyn Napoleon III o Ffrainc. Heibio Bae Watwick, un o'r hafanau tywod prydferthaf a mwyaf diarffordd yn Sir Benfro, a chyrraedd Dale, y lle brafiaf yng Nghymru yn ôl y sôn. Bûm yn ffodus i fedru croesi'r cerrig camu dros afon Gann (roedd y llanw yn digwydd bod yn isel), ar hyd llwybr uwchben y creigiau i Sandy Haven a Pill. Ychwaneg o gerrig camu a chyrraedd Herbrandston. Cerdded ymlaen a gweld dociau Aberdaugleddau a'r pibelli olew anferth. Tref a sefydlwyd ym 1790 gan Syr William Hamilton (gŵr cariad Nelson, Emma) ydy Aberdaugleddau, ac efe a adeiladodd y porthladd i ddenu masnach dros yr Iwerydd. Mae'n debyg mai'r aber hwn yw ail harbwr naturiol dyfnaf y byd. Bûm yn ffodus i gael cwmni Edward (Perkins) a chael aros efo ffrindiau, Edward ac Irene. Mae Edward yn hanesydd arbennig a chanddo ddiddordeb mawr yn yr ardal. Cyfle i fynd i'r amgueddfa lle mae arddangosfa gyffrous a lliwgar yn rhoi hanes afonydd mawreddog Daugleddau (Cleddau Ddu a Cleddau Wen) a thref Aberdaugleddau, un o'r trefi newydd cyntaf ym Mhrydain. Ymlaen drwy Lanstadwel a gweld Eglwys Sant Tudwal gyda'i thŵr Normanaidd gwych, cyn cyrraedd Neyland.

Diwrnod 37

Neyland i Angle – tua 17 milltir

Cael cwmni Amy (Jones), un oedd yn gwneud gwaith ymchwil ar Lwybr yr Arfordir tuag at ei gradd Meistr yn Abertawe. Croesi Pont Cleddau a mynd am Ddoc Penfro. Rhaid oedd cerdded dipyn ar y ffordd fawr yma wrth anelu am Gastell Penfro.

Ymlaen am Bwllcrochan, a daeth Catherine (Llysun), sydd yn filfeddyg i lawr yng Nghaerfyrddin, i ymuno â ni. Drwy'r coed am Fae Bullwell ac i lawr nes ein bod yn edrych dros y burfa olew. O Angle ymlaen am Gastellmartin.

Diwrnod 38

Angle i Gapel Sant Gofan – tua 17 milltir

Ymysg y creigiau yma fe welwn olion East Blockhouse, a gafodd ei adeiladu i warchod yr aber ym 1542. Yn anffodus, mae'n prysur ddisgyn i'r môr. Edward yn mwynhau diwrnod o gerdded efo'i fam!

Ymlaen am Freshwater West lle mae llawer o syrffio. Bu hwn yn lleoliad ar gyfer ffilmiau Harry Potter a Robin Hood. Ar hyd llwybr maes tanio Castellmartin, ac yna ar hyd Bae Fflimston lle mae'r creigiau eto yn ddramatig iawn. Tir amaethyddol da sydd yng Nghastellmartin ond caiff ei ddefnyddio gan y Weinyddiaeth Amddiffyn. Dod at Gapel Sant Gofan. Dywedir i Sant Gofan sefydlu cell meudwy fach mewn hollt yn y graig i ddianc rhag môr-ladron yn y chweched ganrif, er bod yr adeilad presennol yn dyddio'n ôl i'r drydedd ganrif ar ddeg. Yn ôl yr hanes, roedd Sant Gofan yn un o farchogion y Ford Gron.

Y creigiau'n ddramatig wrth edrych yn ôl am Angle.

Capel Sant Gofan i Ddinbych-y-pysgod – tua 18 milltir

Ymlaen am Fae Barafundle – hafan brydferth efo tywod euraidd. Mae'n werth gweld y creigiau ym mhentre'r Stagbwll a galw heibio'r Tŷ Cychod ar y cei am fwyd lleol, ffres – roedd yn fwyd arbennig o dda. Ymlaen am Faenorbŷr ar hyd y creigiau.

Cychwynnais ryw awr ynghynt gan obeithio na ddeuai neb arall i'm cyfarfod, oherwydd heddiw oedd diwrnod troi'r cloc yn ôl – Hydref 26, 2014. A'r tywydd ddim cystal, gallwn orffen yn gynt gan fod y dydd yn tynnu i mewn.

Y traeth yn braf, ond chafwyd dim pleser yn aros yma gan fod y glaw yn prysur ddod i mewn o'r môr a minnau eisiau cyrraedd Dinbych-y-pysgod cyn iddi nosi. Diolch ein bod wedi cyrraedd cyn y glaw mawr.

Ailgychwyn y daith yn Ebrill 2015, a gorffen arfordir Penfro i fynd am arfordir Caerfyrddin a Gŵyr. Tywydd dipyn gwell a chafwyd dyddiau braf iawn.

Diwrnod 40

Dinbych-y-pysgod i Bentywyn – tua 12 milltir

Golygfa wedi dod o Ddinbych-y-pysgod ar hyd y llwybr drwy'r coed hyfryd i gyrraedd Bae Monkstone, ac ymlaen am Saundersfoot a Sarah yn dod efo mi.

Lle ardderchog i gael cinio da ydy gwesty St Brides lle cawsom ni flasu misglod, neu gregyn gleision, lleol. Mynd drwy dwneli (a oedd yn arfer bod yn dramffordd i gludo glo o'r pyllau) am Wiseman's Bridge, ac ymlaen i Amroth. Mae diwedd swyddogol Llwybr Penfro wrth y Dafarn Newydd yn Amroth, lle mae plac yn nodi hynny. Mae llawer o dai yma wedi eu colli i'r môr gan ei fod yn bwyta i mewn i'r tir.

Dyma ddod i Sir Gaerfyrddin, gardd Cymru yn ôl y sôn. Bu Sarah a fi yn andros o ffodus i gael aros efo Catherine yn Llangynog. Dringo i fyny a cherdded uwchben Craig Ddu a heibio Trwyn Telpyn, ac yna gweld golygfa arbennig dros Draeth Marros. I lawr i Forfa Bach ac ar hyd y creigiau i lawr i Bentywyn. Yma mae'r traeth tywod yn mynd ymlaen am filltiroedd ac mae'r traeth yn enwog am y ffaith fod ambell i record cyflymdra ar dir wedi ei thorri yma; er enghraifft, yn y 20au gyda Malcolm Campbell yn y Bluebird, a J. G. Parry-Thomas yn ei gar yntau, Babs. Mae yma amgueddfa gyflymdra sydd yn arddangos Babs, a gafodd ei adnewyddu yn ddiweddarach. Cerdded ar hyd Morfa Heli Talacharn lle cafodd tir ei adennill o'r môr yn y bedwaredd ganrif ar bymtheg, a'r tir hwnnw bellach yn cael ei ffermio.

Pentywyn i Sanclêr – tua 11 milltir

Cerdded ar hyd afon Taf ar hyd llwybr pen-blwydd Dylan Thomas lle mae placiau o'i farddoniaeth yn frith ar hyd y daith. Gweld Castell Talacharn yn osgeiddig o'n blaenau, castell a gafodd ei sefydlu yn y ddeuddegfed ganrif ar y ffin rhwng y Cymry Cymraeg brodorol a'r di-Gymraeg. Ychydig bellter oddi yma gwelir 'Little England beyond Wales', a sefydlwyd yn yr Oesoedd Canol gan drefedigaeth Ffleminaidd a ddaeth yn danllyd o ffyddlon i'r goron Seisnig gan ymladd yn erbyn Owain Glyndŵr. Lle gwych am fwyd yma ydy The Owl and the Pussycat.

Ymlaen am gartref Dylan Thomas, The Boathouse, lle bu'n byw o 1949 i 1953, ond sydd erbyn hyn yn amgueddfa a bwyty bach. Dilyn afon Taf am Sanclêr a dod am Graig Ddu (Wharley Point), a leolir rhwng afonydd Taf a Thywi.

Sanclêr i Langain – tua 15 milltir

Llawer o'r llwybr drwy goed a chaeau ac ar hyd y ffordd fawr ond ambell olygfa arbennig drwy'r coed, a dyma Sarah gerllaw Scott's Bay. Dod at fainc fetel ger Llansteffan, lle byddai'r arlunydd Osi Rhys Osmond yn eistedd yn aml i beintio'r golygfeydd o'i flaen. Daeth Ann, Mair, Jill a Gwyneth o gangen Merched y Wawr Llannau'r Tywi i ymuno â ni ar y daith heddiw, cyn cyrraedd Llansteffan.

Diwrnod 43

Llangain i Lansaint – tua 15 milltir

Ymlaen drwy'r caeau ac ar hyd y ffordd fawr am Langain, a chael paned mewn lle da yn nhafarn Pantydderwen. Cerdded drwy'r coed a chlychau'r gog eto yn arbennig ac yn glwstwr da ar hyd y llwybr. Dod am dref Caerfyrddin, sef tref hynaf Cymru. Yma yr oedd derwen Myrddin yn sefyll tan 1978, a dywedid y byddai trychineb yn digwydd yn y dref pe bai'r goeden hynafol yn cwympo. Mae nifer o gerddi am chwedl Myrddin i'w gweld yn Llyfr Du Caerfyrddin a ysgrifennwyd tua chanol y ddeuddegfed ganrif (un o'r llawysgrifau hynaf i'w hysgrifennu yn y Gymraeg). Cerdded heibio Croesyceiliog ac ymlaen am Gastell Tywi.

A dyma gar bach yn dod fel taran rownd y gornel! Pwy ddywedwch chi oedd ynddo? Wel, Sulwyn a Glenys Thomas wedi bod yn chwilio amdanom ers oriau (medden nhw)!

Golygfa dros afon Tywi am Lansaint. Y siom fwyaf oedd cyrraedd Cydweli gan ddisgwyl gweld peth o hanes menyw fach Cydweli, a gweld dim.

Diwrnod 44

Llansaint i Lanelli – tua 16 milltir

Ymlaen am dywod arbennig Cefn Sidan a thrwy'r fforest ym Mhenbre, a dod am Borth Tywyn. Daeth Amelia Earhart i lawr i'r porthladd yma ym 1928 wedi iddi lwyddo i hedfan dros yr Iwerydd – y ferch gyntaf i wneud hynny (nid oedd yn bwriadu glanio yma ond roedd y tanwydd yn isel a chafodd Porth Tywyn dipyn o sylw o'r herwydd).

Llanelli i Crofty – tua 14 milltir

Ymlaen ar hyd Parc Arfordirol y Mileniwm am Lanelli, tref y Sosban, a chyrraedd safle cerrig Gorsedd Eisteddfod Genedlaethol 2000 a 2014. Sarah yn ei gogoniant wedi cyrraedd yma!

O Lanelli cawsom gwmni criw da o Ferched y Wawr o ganghennau
Gorseinon, Pontarddulais, Bro Cennech, Llanddarog a
Llangennech. Dros afon Dafen am Fachynys ar hyd llwybr seiclo i
Wlyptiroedd Llanelli, a daeth criw ffilmio *Heno* i'n cyfarfod. Lle da
eto am baned!

Ar hyd glan aber afon Llwchwr ac wedyn ar hyd Morfa Bacas, a
dyna ni'n croesi'r afon a dod i ddiwedd arfordir Sir Gaerfyrddin ac
i Benrhyn Gŵyr yn Sir Abertawe. Cyrraedd afon Lliw, a ninnau'n
lwcus eto fod modd croesi pont dros yr afon neu fe fyddai dwy filltir
ychwanegol i gyrraedd Tregŵyr.

Ar hyd llwybr digon di-nod er bod pawb yn mwynhau ei gerdded, hyd yn oed yr ieir!

Cyrraedd Pen-clawdd a Chrofty a dyna oedd yn dda am y llwybr hwn – roedd yn newid cymaint. Mae'r ddau le, a'u tir mwdlyd eang, yn enwog am eu cocos. Maent yn dal i'w hel gyda llaw gan ddefnyddio cribin a rhidyll, a medrwch flasu'r cocos yn y bwyty lleol ynghyd â bara lawr wedi ei wneud o wymon, blawd ceirch a braster bacwn. Mae Caffi Cariad yn werth galw heibio iddo. Pleser oedd cael cwmni Catrin a Terry Stevens o Grofty am y diwrnod. Cerdded hyd y morfeydd heli sy'n cael eu pori gan ddefaid, gwartheg a merlod gwyllt, a lle mae'r cig yn boblogaidd iawn.

Crofty i Hillend – tua 15 milltir

Yn y coed ger Castell Weobley, gweld garlleg gwyllt. Fe heliais dipyn i wneud cawl blasus. Roedd y garlleg yn gwyntio'n gryf iawn ac roedd toreth ohono. Mae'n hawdd gwneud y cawl – berwi'r dail a rhoi nionyn ynddo ac ychydig o datws er mwyn gwanhau blas y garlleg.

Dyma Oleudy Whiteford a gafodd ei adeiladu ym 1865, ac sy'n un o'r ychydig rai a wnaed o haearn bwrw sydd ar ôl ym Mhrydain. Ymlaen ar hyd Traeth Whiteford i Gwm Ivy ac ar hyd mynyddoedd y Tor. Mae'n debyg fod olion esgyrn dynol ac esgyrn anifeiliaid sy'n mynd yn ôl i ddiwedd Oes yr Iâ wedi eu darganfod mewn ogofâu yma.

Hillend i Oxwich – tua 14 milltir

Golygfa dros Fae Rhosili o dwyni Llangynydd – fe welwch dywod euraidd iawn yma.

Sylwi ar lawer o waliau cerrig sych ar y llwybr yma. Dyma grefft arbennig. Llwybr digon serth a chreigiog, ond o leiaf roedd hi'n sych wrth i ni ddod i lawr i Rosili.

Dod ar draws ambell i bysgotwr ar y daith. Dyma un newydd ddal ei fara menyn am heddiw, yn grancod gan fwyaf, ac roedd yn fodlon iawn ar ei helfa. Dilyn y llwybr uwchben y creigiau am Bortheinon.

Oxwich i Abertawe (afon Tawe) – tua 17 milltir

Mae yma gymaint o faeau bach ar hyd y llwybr i'r Mwmbwls – Bae'r Tri Chlogwyn, Bae Pwll Du, Bae Caswel, Bae Langland, Bae'r Freichled (Bracelet Bay) – ac wrth gerdded uwch eu pennau mae'r golygfeydd yn arbennig. Mae hwn yn llwybr i gerddwyr o bob gallu, i lawr at draeth y Mwmbwls ac ar hyd Bae Abertawe i'r Marina ar y ffrynt.

Abertawe (afon Tawe) i Fargam – tua 17 milltir

Y diwrnod wrth gychwyn o Abertawe yn wlyb iawn, a pherthynas i mi a'i wraig (Bryn a Rosemary) wedi dod i lawr yn unswydd o Lundain i gerdded. Daeth ffrind ysgol i John (y gŵr), sef Alistair a'i wraig Fiona o ardal Croesoswallt, ynghyd â Sarah, fy merch, a'i dyweddi, Ben, a fyddai'n priodi ar yr 20fed o Awst 2016. Tywydd diflas drwy'r dydd ond y cwmni yn grêt, a chawsom hwyl er gwaetha'r tywydd.

Nid oedd y golygfeydd yn arbennig gan ein bod yn mynd drwy dipyn o rannau diwydiannol. O Abertawe, croesi'r bont grog dros afon Tawe. Bu'n rhaid cerdded dipyn dros ffordd brysur yr A483 am Lansawel. Roedd dewis rhwng dwy ffordd yma, ond fe wnaethom ddilyn y ffordd waelod ar hyd traeth Aberafan am Bort Talbot ac ymlaen i Fargam.

Margam i Aberogwr – tua 16 milltir

Daeth Gethin (Cadeirydd Pwyllgor Gwaith Eisteddfod Sir Gaerfyrddin) a'i wraig, Ann (Thomas) efo fi o Fargam, a chawsom gyfle i weld yr abaty a gafodd ei sefydlu ym 1147 gan fynachod Sistersaidd. Dyma un o abatai hynaf Cymru, ond erbyn hyn mae'n rhan o eglwys y plwyf ac yn sefyll ar dir Castell Margam.

Mynd am dywod a thwyni Cynffig ac yn anffodus, bu i Gethin druan droi ei droed a methodd ddod ymhellach na Phorthcawl. Mi ddywedodd Gethin fy mod fel *gazelle* ac yntau ac Ann fel cathod bach yn dilyn. Ai dyna'r rheswm iddo droi ei droed, a minnau'n mynd fel milgi! Braf oedd cerdded ar hyd y traeth i Rest Bay, lle poblogaidd i syrffio. Cyrraedd yr Esplanade ym Mhorthcawl a gafodd ei adeiladu ym 1887. Ymlaen ar hyd Traeth yr Afon am Warin Merthyr Mawr. Yma mae'r system dwyni uchaf yng Nghymru – mae'r tywod wedi setlo ar ben clogwyn calchfaen hynafol ac wedi dod yn gynefin arbennig i bryfetach a phlanhigion.

Aberogwr i Silstwn – tua 14 milltir

Heibio afon Ogwr a cherdded dros gerrig sarn afon Ewenni sy'n cael eu galw yn stepiau Teilo, a Bryn a Rosemary yn mentro. Bu iddynt wlychu eu traed wrth golli ychydig ar eu balans. Roeddwn innau yn reit debyg hefyd!

Yma mae Castell Ogwr sy'n dyddio'n ôl i'r ddeuddegfed ganrif, ac sy'n adfail erbyn hyn. Lle da i gael bwyd ydy The Pelican in her Piety. Yr hen enw ar ardal Aberogwr oedd Sutton, a dyna hefyd enw'r garreg a oedd yn arfer cael ei chwarelu yma, carreg oedd yn enwog am ei chaledwch. Dywedir iddi gael ei defnyddio yn adeiladau San Steffan yn Llundain ac yn y Fatican yn Rhufain.

Edrych ar Fae Dunraven. Dod ar draws olion Castell Dwn-rhefn
a godwyd ar safle caer o Oes yr Haearn; Dyndryfan oedd yr hen
enw ar y lle. Bu'r faenol ym mherchnogaeth y Vaughans o Sir
Gaerfyrddin ac fe'i prynwyd wedyn gan deulu'r Wyndhams. Cafodd
ei defnyddio yn ystod y rhyfeloedd byd fel ysbyty milwrol, ac
wedyn fel neuadd breswyl, cyn i'r adeilad gael ei ddymchwel ym
1963. Ymlaen am Drwyn y Wrach a cherdded uwchben creigiau
Cwm y Buarth.

Cael cwmni Dafydd a Meri Griffiths, a fu'n byw yn Llanfair Caereinion ond sydd wedi ymgartrefu bellach yng Nghaerdydd; Adrian Evans, Cadeirydd Pwyllgor Cyllid Eisteddfod Sir Gaerfyrddin; Wil Morgan, a Betsan, a dod i Draeth Bach a Thraeth Mawr.

Gweld y creigiau anhygoel yma, sef haenau o waddod calchfaen ar glogwyni caled sy'n cael eu herydu. Fe'u siapiwyd dros filoedd o flynyddoedd rhwng Cwm Nash a Phenrhyn Sain Dunwyd, ac maent yn rhan o Arfordir Treftadaeth Morgannwg.

Ymlaen am Oleudy Trwyn yr As Fach (Nash Point). Adeiladwyd y goleudy ym 1832 i ymateb i longddrylliad y *Frolic* pan gollwyd 40 o fywydau. Mae'r goleuadau gorllewinol wedi'u dadgomisiynu bellach, ond mae'r rhai dwyreiniol yn parhau i weithio er nad oes ceidwad yno.

Roedd cerdded ar y llawr carreg rhyfeddol yn hynod o ddiddorol.

Ymlaen am Gastell Sain Dunwyd lle bu partïon yn cael eu cynnal ar un adeg, ac ymhlith yr ymwelwyr roedd Charlie Chaplin a J. F. Kennedy. Heddiw mae'n gartref i Goleg yr Iwerydd sydd wedi derbyn dros 7,500 o fyfyrwyr o fwy na chant o wledydd ers ei sefydlu ym 1962. Dyma un o golegau chweched dosbarth cyntaf Colegau Unedig y Byd. Mae'r arfordir yma i gyd yn enwog am ffosilau Jwrasig, a gwelir un yma yn wal y môr. Am Lanilltud Fawr wedyn, ac ymlaen am Silstwn.

Silstwn i Sili – tua 15 milltir

Ar hyd yr arfordir am Drwyn y Rhws – dyma bwynt mwyaf deheuol Cymru.

Dilyn y llwybr drwy'r coed a dod am Borthceri lle ceir traphont ysblennydd. Ymlaen am Cold Knap Point lle roedd y pwll nofio awyr agored mwyaf yng Nghymru. Cerdded ar hyd y rhodfa a chyrraedd mynedfa i Ynys y Barri.

Edrych yn ôl ar Ynys y Barri a'r tai bach lliwgar.
Meddai R. Williams Parry:

> Mae ynys yn y Barri,
> Ac awel ym Mhorthcawl,
> A siwrnai yn y siarri
> I rai a fedd yr hawl.

Daeth y Barri yn enwog oherwydd David Davies, Llandinam, Maldwyn, gan i'r rheilffordd a'r dociau gael eu hadeiladu ganddo er mwyn cludo glo o gymoedd y Rhondda, a chafodd y lle ei drawsnewid mewn ychydig flynyddoedd yn borthladd glo mwyaf y byd. Bu David Davies yn gymaint o *entrepreneur* yn ei ddydd ac roeddwn mor falch o gael y cyfle i weld ei gofgolofn. Mae gennym gymaint o barch iddo ym Maldwyn – mae'r teulu wedi cyfrannu'n helaeth i Faldwyn ac i Gymru gyfan.

Sili i Barc Tredelerch, Caerdydd – tua 13 milltir

Dod at greigiau'r Bendricks, lle gwelir ôl traed deinosoriaid yn y graig yn ôl pob sôn. Ni fûm i yn ddigon ffodus nac yn ddigon gwyliadwrus i weld dim.

Yna cyrraedd Silstwn, lle mae'r llystyfiant ar hyd yr arfordir yn rhoi cartref i rywogaethau di-ri o blanhigion ac anifeiliaid ac adar. Gweld Ynys Sili a fu'n gartref i'r môr-leidr Normanaidd a elwid y Nighthawk yn y drydedd ganrif ar ddeg.

Cael cwmni Eleri ac Arwel (Peleg Williams), Dinas Powys, Owain
Plascoch, Maldwyn, sy'n gyfreithiwr yn S4C, a Rhodri a Siwan, ei
frawd a'i chwaer yng nghyfraith. Roeddent hwy wedi dod i lawr ar y
trên efo Modlen, y ci, o Ddolanog i ymuno â mi heddiw.
Mynd am Drwyn Larnog, lle sy'n warchodfa natur, a dod am
Benarth. Cyfarfod Siân (Trefeddyg, Tywyn gynt) a'i ffrind wrth
gerdded ar hyd y ffrynt ym Mhenarth, tref sy'n cael ei galw 'yr ardd
ger y môr'. Pawb i'w weld wedi mwynhau ei hun a Modlen wedi
blino!

Mynd i weld Eglwys Awstin Sant, Penarth – eglwys eithriadol o hardd a gafodd ei hadeiladu ym 1866 i gymryd lle'r eglwys wreiddiol a godwyd yn y drydedd ganrif ar ddeg. Yn y fynwent yma ym 1903 y claddwyd y cerddor a'r cyfansoddwr Joseph Parry, a oedd yn enwog am gyfansoddi'r gân 'Myfanwy'.

Isod gweler olygfa o Gaerdydd.
Gweld llawer o flodau gwyllt eto
ar hyd y llwybr, a'r rheiny mor
berffaith ac arogl arbennig arnynt.

Dros aber afonydd Taf ac Elái ar
hyd Bae Caerdydd a chael bwyd
blasus yn y Lookout ym Mhorth
Teigr yn y Bae. Yna ymlaen heibio
adeilad y Cynulliad, Canolfan y
Mileniwm ac aber afon Rhymni i
Barc Tredelerch. Ar hyd wal y môr
a Gwastadeddau Gwynllŵg am rai
milltiroedd – dyma le da i wylio
adar ar draws y morfeydd heli agored a'u fflatiau llaid.

Parc Tredelerch, Caerdydd i Wlyptiroedd Casnewydd
– tua 16 milltir

Dyma gyrraedd Llansanffraid Gwynllŵg a Gwastadeddau Gwent. Cael egwyl yn y Lighthouse Inn sydd ar y llwybr ei hun a phawb yno yn gyfeillgar iawn, a chael cyfraniad yma eto. Mynd heibio Goleudy Gorllewin Wysg a gafodd ei ddadgomisiynu ym 1922, ac sydd bellach yn lle arbennig am wely a brecwast.

Croesi afon Ebwy a dod am Bont Gludo Casnewydd, a chael cyfle i gerdded ar hyd-ddi. Dringo i fyny'r grisiau a cherdded ar hyd y top. Cael golygfa dda oddi yno ac yna mynd i lawr y grisiau'r ochr arall. Agorwyd y bont ym 1906 ac mae'n un o dair sy'n dal i weithio ym Mhrydain.

Doedd y llwybr wedyn ddim yn un arbennig gan fod arno lawer o dyfiant, ac nid oedd neb wedi edrych ar ei ôl. Ymlaen am Drefonnen (Nash) a dod i Wlyptiroedd Casnewydd, sy'n warchodfa natur.

Gwlyptiroedd Casnewydd i Gyffordd Twnnel Hafren – tua 9 milltir

Cerdded ar hyd aber afon Hafren ar hyd Gwastadeddau Caldicot neu Gil-y-coed. Gallem weld arfordir gogledd Gwlad yr Haf yn amlwg o'r fan hyn, yn ogystal ag Ail Bont Hafren. Gelwir yr ardal yma yn Laswelltiroedd y Morfa Heli. Yn y gaeaf caiff y caeau eu gorchuddio gan ddŵr a bydd llawer o adar dŵr yn dod yma i fwydo. Cael cwmni Wyn (Roberts) a'r merched, Eleri Wyn a'i dyweddi, Aled, sydd bellach yn briod, Llinos Wyn a Sioned Wyn, oedd wedi dod i lawr i gyd yn arbennig o Lanerfyl i ymuno â mi.

Cael paned yn y Seawall, caffi bach mewn tŷ delfrydol ar y llwybr.

A dyma ddod at Ail Bont Hafren lle mae'r aber yn troi'n swyddogol yn afon Hafren. Adeiladwyd y bont yma ym 1996 ac mae hi'n dair milltir o hyd.

Mynd heibio Craig Ddu am bentref tlws Merthyr Tewdrig, a dyma ddod at y Bont Hafren wreiddiol sy'n croesi afonydd Gwy a Hafren ac yn filltir o hyd. Cafodd y syniad ei gynnig yn wreiddiol gan Thomas Telford ym 1824, ond yn y 60au y cafodd ei hadeiladu. Cerdded drwy goedwig Redding uwchben yr afon a dod i Gasgwent drwy waliau'r dref.

Roedd Casgwent, meddid, yn Gonwy i dde Cymru ac yn lle diogel i groesi afon Gwy. Câi ei ddefnyddio gan y Rhufeiniaid a'r Normaniaid i ddod i mewn i'r wlad tu hwnt i'r afon. Mae yma gastell Normanaidd hardd sydd wedi ei adfer, a chredir mai hwn oedd y castell cyntaf ym Mhrydain i'w godi â charreg. Dyma ddod at hen bont Gwy sy'n croesi i Loegr, a gafodd ei hadeiladu ym 1816 o haearn bwrw.

Credaf fy mod wedi cerdded dros fil o filltiroedd i gyd. Roeddwn yn falch o'r profiad a hoffwn ddiolch i bob un a ddaeth yn gwmni i mi ar y daith. Diolch hefyd i bawb a'm cefnogodd tuag at noddi 'Diwrnod i'w Gofio' yn Eisteddfod Maldwyn a'r Gororau yn 2015. Bu rhannau helaeth o'r daith yn eithriadol o braf a'r tywydd fwy neu lai o'n plaid. Roedd y môr o fewn golwg bron trwy gydol y daith ac rydym yn hynod ffodus yn ein harfordir yma yng Nghymru. Roedd yn gyfle i weld y cyfan yn ei holl ogoniant ac yn ogystal â chodi proffil yr Eisteddfod ac ymwybyddiaeth ohoni, llwyddwyd i godi cyfanswm arbennig o dda o arian drwy'r holl gyfraniadau. Bu capeli ac ambell fusnes hefyd yn gefnogol gan roi arian at y gronfa. Bûm yn hynod ffodus ac anodd iawn yw enwi pawb gan fod y rhestr yn faith. Ond gobeithio os bydd unrhyw un a gyfrannodd yn darllen y llyfr y byddant yn gweld mor werthfawrogol ydw i o'r gefnogaeth hael. Mi gydiodd y daith yn nychymyg pobl, a braf oedd hynny gan iddi roi cyfle i ni gymryd rhan mewn gweithgaredd corfforol drwy gyfrwng y Gymraeg. Ddydd ar ôl dydd rydym yn cael ein hatgoffa pa mor fendigedig yw arfordir Cymru a pha mor gyfeillgar a chefnogol yw trigolion ein gwlad, a chefais i yn sicr mo fy siomi, gan i'r gefnogaeth ar hyd y daith fod yn eithriadol o agos a hapus. Bu'r gwmnïaeth yn arbennig, ac fe fyddaf i'n cofio cefnogaeth a chyfeillgarwch pobl mewn gwahanol ardaloedd am byth.

A dyma'r garreg ac arni arwyddair y llwybr arfordirol a mosaig arbennig ar ffurf cylch glas i ddynodi diwedd y daith.

Ac wedi'r cerdded, wedi'r Eisteddfod ac wedi gwyliau yng Nghiwba, fe ymddangosodd cerdd gan Dafydd Morgan Lewis (o dan y ffugenw 'Y Cudyll Coch') ym mhapur bro *Plu'r Gweunydd* ym mis Mawrth 2016! Gweler gerdd ar y dudalen 150-1.

Cân y Chwyldro

'Rôl cerdded yr arfordir
A threfnu Steddfod braf
Rhaid dweud fod Beryl druan
Yn teimlo braidd yn glaf;
'Gwell,' meddai, 'fynd ar wyliau
I ysgafnhau fy mron.'
Ac aeth ar daith i'r Caribî
Yng nghwmni'i phriod, John.

I Giwba i ymlacio
Yn ddiddig aeth y pâr,
Beryl a'i bryd ar Castro
A John oedd am sigâr;
Pan glywodd Raul a Fidel
Fod Beryl am ddod draw,
Fe ddaeth rhyw gyffro trostynt
Heb sôn am 'chydig fraw.

'Mae hon yn ddynes bwysig,'
Medd Raul gan syllu'n syn,
'Pwysicach nag Obama
Medd llawer erbyn hyn;
Bydd hwnnw yn dod yma
Mewn 'chydig bach o dro,
Ond cofio raid fod Beryl Vaughan
Yn haeddu gwell na fo.

'Hi drefnodd Steddfod sbesial,
Yr orau fu erioed,
Cyrhaeddodd ei henwogrwydd
Havana hyd yn oed;
Mae'n bwysig i ni ofyn
Yn dyner iddi hi,
A wnaiff hi drefnu Steddfod,
Un debyg, yma i ni?'

Yn wir, ni chadd y Pontiff
Well croeso na'r ddau hyn,
Carpedi coch a gwleddoedd,
Coelcerthi ar bob bryn.
Addawodd Beryl, hithau,
A hynny gyda sêl,
Eisteddfod yn Havana
Yn fuan, doed a ddêl.

'Rôl dod yn ôl i Gymru
Fe deimlent yn reit sionc,
A'r ddau ar ôl eu gwyliau
Yn Gomiwnyddion rhonc;
Mewn beret Che Guevara
Fe deithiant drwy y plwy,
A maniffesto Engels
Yw eu cynhaliaeth mwy.

Mae ganddynt blan pum mlynedd
I adfer yr hen fro,
Ac os awn mas o Ewrop,
Diawch, bydd ei angen o;
Creu ffermydd cydweithredol
Yw'r ateb yn ben-dant,
Bydd cychwyn ar yr arbrawf
Yn fuan yng Nghwm Nant.

Eisoes mae Wali'r Hafod
A Dei Moelddolwen graff,
Heb sôn am Huw Cwm Derwen,
Yn Gomiwnyddion saff;
Gwireddwyd breuddwyd Lleifior,
Mae pawb trwy'r fro yn llon,
A'r ffarmwrs oll yn *comrades*
Heb ofid tan eu bron.

A Beryl sy'n pregethu
Yn holl bulpudau'r sir,
Ond Marx yw ei hefengyl
Cans ganddo fo mae'r Gwir;
A phan ddaw'r Steddfod nesa
I Feifod yn llawn hwyl,
Bydd Beryl am roi'r Faner Goch
I hofran uwch yr ŵyl.